「年代別」未来年表で早分かり！

50歳からの資産防衛術

ファイナンシャルプランナー
横川由理
Yuri Yokokawa

宝島社

はじめに

長寿社会の日本において「老後の生活」に対する不安が高まっています。女性の約2人に1人、男性では約4人に1人が90歳まで生存する時代となり、豊かな老後を迎えるためにはいったいどのくらいの資金が必要なのでしょうか。現役世代の私たちにとって、大変気がかりな問題となっています。

今後、日本の少子高齢化がさらに進めば、年金額のさらなるカットや不動産価値の下落、両親の介護問題など、さまざまなリスクが現実味を帯びてきます。また、晩婚化が進み、子育てや教育にかかる費用が後ろ倒しになる傾向も顕著になっており、これでは老後の資金を貯める時間がありません。ついつい、不安に思ってしまう気持ちもうなずけます。

先行きが不透明な時代ではありますが、結論から先に言えば、老後に対して過度に不安を抱く必要はありません。ただし、できるだけ早い段階から「準備」をしておくことが大切です。

本書では、平均的なサラリーマンが50歳以降に経験するであろうさまざまなできごとを、年表形式で予測し、それぞれのチェックポイントを分かりやすく解説していきます。10年後、20年後、30年後の自分を想像しながら、心とお金の準備を始めるきっかけとなれば幸いです。

最近はよく「老後の資金は○千万円が必要」などといった雑誌の記事を目にします。「結局、何歳のときにいくらあればいいのか」という質問は非常に多いものですが、これは一概にいくらということはできません。

公益財団法人生命保険文化センターの調査によると、日本人夫婦2人の「ゆとりある老後生活費」は平均月額34・9万円（2016年度）となっています。しかし、現役世代でも毎月35万円を使える家庭はそう多くないはずですし、30万円以上の年金を受給できる世帯は少ないでしょう。こうした調査に回答している方々は、生命保険に加入し、かつアンケートに回答できる生活的にゆとりがある人が多いと推測されます。日本人のなかから無作為にアンケートをお願いしたわけではなく、「35万円」という数字が国民の意識を代表しているものかどうかには疑問があります。

生命保険文化センターの目的は「生命保険制度の健全な発展のための諸事業を通じて、国民生活の安定向上、国民の利益の増進に寄与すること」。生命保険制度の発展のためですね。「老後はこんなにお金がかかるので、個人年金保険に入って備えましょう」というイメージでしょうか。

この35万円は、孫への小遣いなどを含めて「これくらいあればいいな」という願望ですから「老後に必要なお金」の金額は高めに出る傾向があります。これに限らず、巷には多くの情報が流れていますが、ひとつのデータに踊らされることなく、本当に自分に必要な金額を見極めることが大切です。

この本ではさまざまなお金の基礎知識を紹介していきます。心身ともに健康を維持し、家族関係（特に夫婦関係）を良好に保ちつつ、働くことができる間は積極的に仕事をするということ。これが「最強の生活防衛」につながるという基本的な事実として認識しておく必要があるでしょう。

自分が何歳まで生きるのか、これればかりは誰にも分かりません。ただ、将来起こりうることを予測することはできますし、準備があるだけでも不安はずいぶんと取り除かれます。

自分のなかで「これだけは我慢したくない」というものがはっきりしていれば、そのことをひとつの目標とすることで、たとえつつましい生活であっても充実した日々を送ることは可能です。長寿の時代を楽しく、明るく過ごしていただくために、本書がその一助となれば幸いです。

２０１９年３月　ファイナンシャルプランナー　横川　由理

「年代別」未来年表で早分かり！
50歳からの資産防衛術

目次

1章【50歳〜54歳】

「負債」と「資産」を見極めて定年退職までの資金計画を見える化！

2章【55歳～59歳】

「老親」と「子ども」で大変！年収減に備えた生活スタイルを確立

3章【60歳〜64歳】
住宅ローン完済ならほっと一息「退職金」で投資デビューは危険

4章【65歳〜69歳】

本格的な「年金生活」スタート　襲いかかる「多額出費」に備えよ

5章【70歳～74歳】

医療と介護がいっそう身近に！本当の「老後」はここから始まる

6章【75歳〜79歳】

後期高齢者となっても社会で必要とされる人間であり続ける！

7章【80歳〜】

人生の「最終章」を悔いなく過ごすための正しい「終活術」とは

1章【50歳～54歳】

「負債」と「資産」を見極めて定年退職までの資金計画を見える化！

家計

一家の「資産」と「負債」を把握 バランスシートとキャッシュフロー表を作成

50歳になってまず始めたいこと、それは現時点の資産と負債を正確に知ることです。もちろん、これは50歳になる前でもできることですから、40代で行っても早過ぎるということは決してありません。

50代前半といえば、子どもが大学に進学し、学費や仕送り、また就職ともなれば就職活動費などさまざまなお金がかかる時期。ある程度の年収があったとしても、貯蓄に回す余裕はないというのが現実だと思います。

とはいっても少しずつでも貯蓄を行うことが大切となります。**貯蓄計画を立てる前に、一家のバランスシートを作ってみましょう。**

資産の内訳には預金や貯蓄性のある保険、株式などの有価証券、そして不動産（自宅）があります。

50〜54歳「未来年表」

年金	毎年送られてくる「ねんきん定期便」をチェック。**50歳からは「このまま60歳まで年金保険料をおさめた場合の見込み額」が記載されるので、確定金額とは異なることに注意**。未納期間の有無やこれまで働いた会社名などをチェックし、自分が将来受け取れる金額をおおむね把握する。年金機構の「ねんきんネット」を活用すると便利。
住宅ローン	現役時代に完済するのが理想。ただし、まだこれから子どもの教育費がかかる場合、**繰上げ返済を急ぐあまり教育資金が足りなくなるなどの事態は避けたい**。住宅ローン金利はいまが底で、今後は上昇が予想される。
家計	一家の資産と負債に加えて収入と支出を検証し、30年後までの必要資金を算出。定年までにいくらの貯蓄が必要かを試算する。子どもの教育資金が必要で、妻がパートに出て働く場合には、年収を抑えて社会保険料負担を回避するよりも、**パートの立場で厚生年金に加入しながら働くほうが得する**ことが多い。
保険	これまで加入していた保険を見直す好機。**子どもが独立している場合は、死亡保障はなくてもよい**。超低金利時代のいま、新たに貯蓄型保険に加入するのは得策とはいえない。
運用	運用、投資の初心者であれば**「iDeCo」や「つみたてNISA」といった節税効果もある個人型資産運用制度を利用するのも一策**。シンプルに毎月1〜2万円を積み立てる自動積立定期預金も立派な運用法。
相続	国民の9割以上は親から遺産を相続するときに課税されることはないが、高額の資産を相続することが事前に分かっている場合には対策が必要。**3000万円＋法定相続人数×600万円が非課税枠**。さらに死亡保険金として受け取る場合には、500万円×法定相続人数が非課税となる。
再就職準備	定年（60歳）から年金支給開始（65歳）まで、5年間の空白期間がある。**再雇用で同じ会社に引き続き勤務すれば、年収は落ちても5年間を乗り切ることができる**。別の会社への再就職を考える場合には、早めに相談、活動を開始したほうがベター。雇用保険の教育訓練給付制度で資格などを取得するのもOK。

預金については残高を確認してください。また終身保険、養老保険、個人年金保険については、現時点で受け取ることのできる解約返戻《へんれい》金の金額を調べます。また、株式や債券なども時価で計算し、金額を出していきましょう。

戸建てやマンションなど、マイホームを購入している人は、ご自宅が最大の資産となっていることが多いと思います。ただし、購入したときと同じ価格で計算に入れることはできません。戸建ての場合は、特別なケースを除き家屋の価値はほとんどなくなると思ったほうが良いでしょう。土地の価格については、公示価格などを参考に、大まかに算出することが可能です。

またマンションの場合も、固定資産税評価額や、同じマンション内の中古物件などを目安に価格を算出します。

これらをすべて計算したら、次は負債です。これは資産より明確に計算できるでしょう。

住宅ローンの残高や、その他自動車ローンなど、今後必ず返さなければならない金額をすべて挙げていきます。

これらの作業が終わったら、資産と負債を見比べて、いま一家がどういう状態にあるのかを確認します。マイホームを購入したばかりの人などは、負債の方が大きくなっていることが多いでしょう。

年収が高い人であっても、毎月、決まった金額が入ってくる生活に慣れていると、貯蓄がなくても「大丈夫」と感じてしまい、危機感を感じにくくなることがあります。このバランスシートの作成で、客観的な「我が家の健康状態」を把握するのは、老後の生活の見通しを立てるうえで必須の作業といえるでしょう。

家計の健全度が分かったら、**未来の家計簿とでも言うべき「キャッシュフロー表」を作ってみます**。毎月の収入と支出、子どもの年齢と予想されるライフイベントにかかるお金を書き出して、5年、10年後、20年後にどうなるかを試算します。これによって、いつどのような問題が起きるのか、もし資金が不足する可能性があれば、どのような対策を立てられるかを事前に考えることができるわけです。

キャッシュフロー表（一例）

基準年				1	2	3	4	5
西暦			2018	2019	2020	2021	2022	2023
家族年齢	夫		50	51	52	53	54	55
	妻		50	51	52	53	54	55
	長女		20	21	22	23	24	25
	長男		18	19	20	21	22	23
収入 給与収入	夫	2.0%	500	510	520	531	541	552
	妻		80	80	80	80	80	80
公的年金	夫							
	妻							
私的年金								
一時的収入								
合計			580	590	600	611	621	632
支出 基本生活費		2.0%	200	204	208	212	216	221
住居費	住居費	1.5%	20	20	21	21	21	22
	住宅ローン	0.0%	100	100	100	100	100	100
教育費	長女	2.5%	120	123	126			
	長男	2.5%	50	180	185	189	194	
保険料	生保	0.0%	25	25	25	25	25	25
	損保	1.5%	3	3	3	3	3	3
その他支出		2.0%	20	20	21	21	22	22
一時的支出		2.0%						
合計			538	676	688	572	581	393
年間収支			42	-86	-88	39	40	239
貯蓄残高		0.5%	800	718	634	676	719	962

（表作成：横川由理）

年金①

50歳の「ねんきん定期便」で自分の想定受給額をチェックする

老後の生活を支える大きな柱が年金です。ただし、30代、40代のサラリーマンのなかには、いったい自分が将来年金をどれくらい受給できるのか、大まかにでも把握している人は少ないのではないでしょうか。

年金は自分が死ぬときまで受け取るものですから、50歳を期にある程度正確な受給額を確認しておくことをお勧めします。

現行の年金制度は非常に複雑で、転職が多い人や未納期間がある人の場合、年金計算は簡単ではありません。また、年金額受給開始年齢についても、今後の物価や少子高齢化の状況次第で変わってくるので、動向には注意を払っておきたいものです。

日本年金機構のウェブサイト「ねんきんネット」を利用すれば（基礎年金番号とメールアドレスによる登録申請が必要）、自分の受給見込み額を知ることができますが、

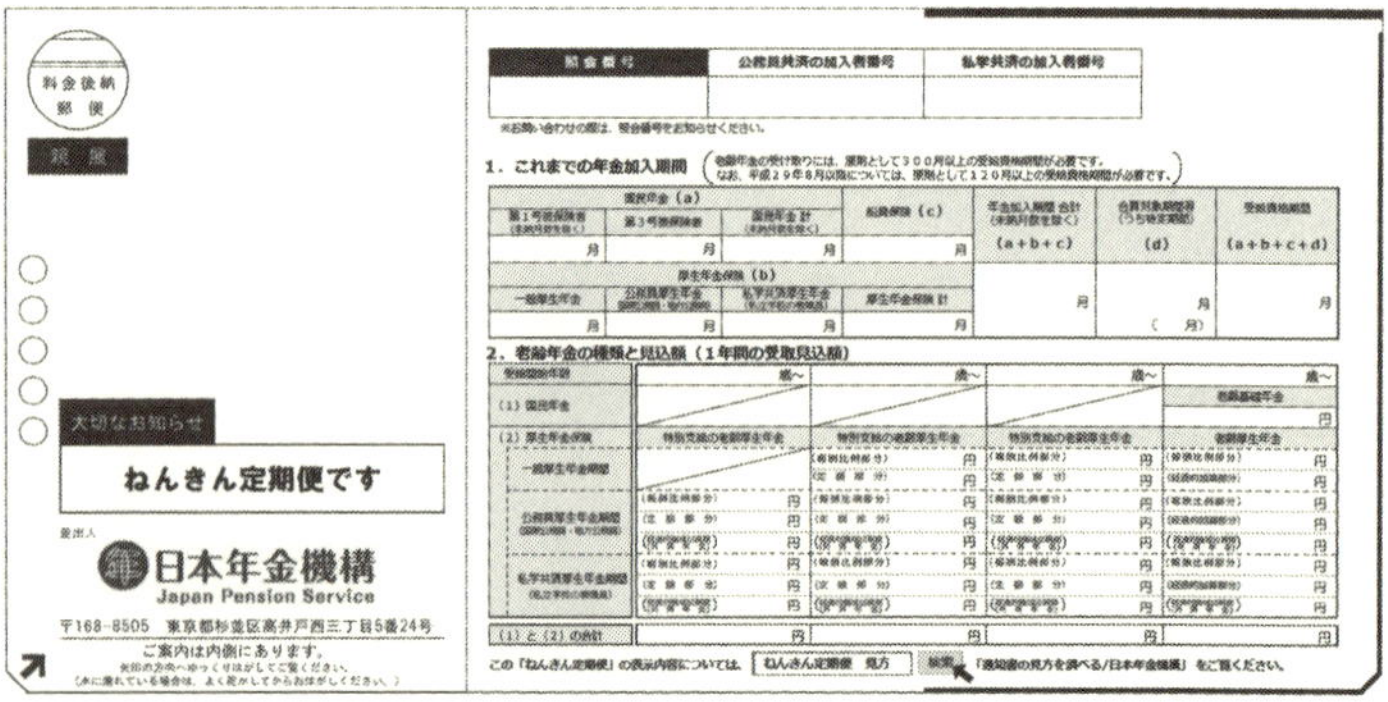

毎年送られてくる「ねんきん定期便」（50歳以上用）。いまと変わらず年金保険料を60歳まで支払った場合に想定される受給額が記載される

ネットが苦手だという人は、年金機構から送られてくる「ねんきん定期便」をしっかり見ることが大切です。

この「ねんきん定期便」は、49歳までと50歳以降では大きく異なります。49歳までは加入実績に応じた受給額、つまり「いま会社を辞めても、最低これだけは支払われますよ」という金額が示されています。

しかし50歳になると突然、この金額が増えます。それは「このまま60歳まで働いて年金保険料をおさめた場合、これだけ支払われますよ」という見込みの数字に切り替わるからです。**しかしあくまで**

予定の金額なので、たとえば50歳で会社を辞めたら、その金額を受け取ることはできないので注意が必要です。

また、会社員の場合は企業年金に加入している方も多いと思いますが、「ねんきん定期便」の数字には企業年金は含まれていません。これについては、個々の会社に問い合わせる必要があります。

大企業では、50歳以上の社員を対象にしたライフプランセミナーが開かれることがあります。私もしばしばご相談をいただきますが、厚生年金、企業年金合わせ年間400万円以上もの受給額が見込まれる恵まれた方々でも、やはり現役時代の収入が高かった分、退職後の収入ダウンには不安を隠せないようです。不安を安心に変えるためには、まず自分自身の置かれた状況をしっかりと知ることが第一歩となります。

年金②

国民年金の「未納」があっても救済措置「任意加入制度」がある

日本の年金制度はよく家にたとえられ、国民年金（1階）、厚生年金（2階）、そして会社独自の年金制度である企業年金（公務員の場合は退職等年金給付）が3階の部分に相当します。「ねんきん定期便」は1階・2階のみの金額となっていることを理解しておきましょう。サラリーマンは国民年金と厚生年金の両方に加入しています。

もうひとつ、日本の年金制度には「加給年金」というものがありますが、これも「ねんきん定期便」には載っていません。

加給年金とは、厚生年金に20年以上加入した人が65歳になったとき、厚生年金に加入した期間が20年未満である65歳未満の配偶者がいる場合、その配偶者が65歳になるまで年金額が上乗せされるものです。**その上乗せ額は年間約39万円とかなり大きく、たとえば5歳年下の妻がいれば、5年間、約200万円が上乗せされます。**

「加給年金」の対象者と金額

加給年金対象者	加給年金額	
配偶者（65歳未満）	22万4500円	
1人目・2人目の子ども（18歳到達年度末まで）	各22万4500円	
3人目以降の子ども（同上）	各7万4800円	
受給権者の生年月日	特別加算額	加給年金の合計額
昭和18年4月2日以降	16万5600円	39万100円

※ 2019 年度価格

ただし、この制度の恩恵を受けることができるのは妻が年下の場合のみで、妻が年上の場合は1円も加算されません。不平等ではないかとの指摘も根強くありますが、とりあえず現行の制度ではそうなっています。

年金については、いつから受給するかという「繰下げ」「繰上げ」の問題がありますが、夫が厚生年金を繰下げると加給年金は受け取れなくなってしまいます。加給年金を受け取りつつ、繰下げの恩恵を受けるためには、国民年金（老齢基礎年金）だけを繰下げてください。

また、自分自身の年金の未納期間を把握し、60歳を過ぎても保険料をおさめると将来の年金額が増え、その額を一生受け取れます。

最近は年金制度そのものに対する不安感が高まって、

多くの国民が注意を払うようになった結果、若い世代の間でも年金に関する知識はかなり深まっているようです。ただし、昔は年金に関心を持つ若者など皆無で、恥ずかしながら私も学生時代は「国民年金」というものが存在することさえよく知らず、未納の期間があります。

しかしこれには救済措置があります。それが「任意加入制度」です。この任意加入制度は、次の４つの条件を満たす人が対象です。

①日本国内に住所を有する60歳以上65歳未満の方
②老齢基礎年金の繰上げ受給を行っていない方
③20歳以上60歳未満までの保険料の納付月数が４８０月（40年）未満の方
④厚生年金保険に加入していない方

この条件に当てはまる場合は60歳になったとき、任意加入を申請します。５年間、毎月１万６４１０円（２０１９年度価格）の国民年金保険料を5年間払うと総額で約

98万円になります。5年間、国民年金を払うと65歳から年間約9万7000円の増額。ということは、**5年で払った98万円は約10年で元が取れ、それ以降もずっと受け取ることができます。**これは民間の金融商品などと比べれば非常に有利な条件なので、未納期間を少しでも穴埋めできる任意加入制度を知っておいて損はありません。

65歳から受け取る国民年金は満額で年間78万100円（2019年度価格）です。毎月6万5000円ほどの金額ですが、現役世代からすると「なんだそれだけか」とお感じになる方も多いことでしょう。

しかし、その6万円が「一生枯れない財布」になるありがたみというのは、実際に老後を迎えてみないとなかなか分かりません。少しでも収入があるかないかは大きな違いになりますから、どうか将来のために年金保険料はできるだけ払っておいていただきたいと思います。

保険

なんとなく払い続けてきた保険の「入りすぎ」を見直し一部を貯蓄に回す

日本人の生命保険や医療保険への加入率は大変高い水準にあります。生命保険文化センターの調べでは、生命保険（個人年金保険含む）の世帯加入率が88・7％（平成30年度速報値）、医療保険もほぼ同レベルの88・5％（同）となっています。

ただ、これらの保険が自分にとって本当に必要なものかどうか、50歳を迎えるタイミングで考えてみないと、損につながってしまうかもしれません。

医療保険の入院給付金は、1日あたり5000円程度、60日間支払われるという商品が主流です。50歳の人が終身払いでその保険に入った場合、保険料は毎月3500円程度になります。**たとえば90歳まで払い続ければ、168万円です。夫婦で払えば300万円以上。この保険は掛け捨てになりますので解約返戻金はありません。**

しかしよく考えてみると、最大60日間入院しても、30万円しか出ない保険です。ここは医療保険に入っているつもりでその分を貯蓄に回すという選択肢はかなり有効な選択だと考えられます。

老後の健康に不安を感じている人が多く、現在いちばん売れている保険が医療保険であることも事実ですが、現行の医療費は70歳で2割負担、75歳以上は1割負担。高額医療費制度もありますから、**そこまで過度に医療費を心配する必要はないと私は考えています。**

最近話題の保険商品に「トンチン年金」というものがあります。イタリアの銀行家、ロレンツォ・トンティに由来するもので、簡単に言うと長生きすればするほど得をするという設計になっています。

私があるトンチン年金の商品を分析したところ、男性の場合、90歳が「損益分岐点」となりました。損益分岐点とは、払ったお金と受け取ったお金がトントンになる年齢をいいます。もちろん女性の損益岐点はより高齢になります。問題は元が取れる年齢をどう考えるかですが、日本人男性の平均寿命が約81歳という状況下では、単純な損得だけを見れば損をする人のほうが多いことは明らかです。長生きの家系など長寿リスクにどうしても備えたい人はよいと思いますが、一般的には自由に使えるお金として手元に残しておくほうが、賢い選択ではないかと思います。

生命保険についても子どもが独立した後の死亡保障は、基本的に必要ありません。住宅ローンが残っている方であっても万一、住宅ローンの契約者が死亡した場合には、通常、団信（団体信用生命保険）の保険金が支払われます。

この機会にこれまでなんとなく支払ってきた保険を見直ししてみませんか。保険に入りすぎているせいでお金が足りなくなっているのかもしれませんよ。一般論として、現在は超低金利の時代ですから、新たに貯蓄型の保険に加入することは決してお得とはいえません。

不動産

住宅ローンは「現役時代に完済」が理想 金利はいまより下がることはない

住宅を買った持ち家派と、賃貸派では住居費を負担する時期がかなり変わってきま

大手銀行の住宅ローン金利（2019年2月）

りそな	引き下げ	年0.65％	(−0.05)
みずほ		0.70	(−0.10)
三菱UFJ		0.79	(−0.01)
三井住友信託	据え置き	0.70	(±0)
三井住友		1.10	(±0)

※いずれも２月に適用する10年固定型（11年目に変動する）の最優遇金利。表中（　）の内は１月適用分との比較

す。マイホームを購入すれば長い住宅ローンの返済が待ち構えていますし、リフォームや建て替えに加えて、税金の負担も大きなものです。マンションの場合はさらに、管理費や修繕積立金、駐車場代など毎月お金が出ていくことになります。賃貸であれば、そうした大きな負債を抱えることなく過ごせますが、そのかわり家賃は一生かかることになります。

マイホームを買うべきか、買わないべきかという議論は終わることがありませんが、**資金的な観点から結論をいえば、平均的な年齢まで生きるという前提だと、住居費にかかるコストはどちらもそう変わりません。**結局、「どちらが良い」とは言い切れない話なのです。

ただ、持ち家の場合はローンを返済すればその後の家賃がかからないというのが大きなメリットなので、リタイア後に持ち家を安易に売却して、新しい家を買ったり、賃貸生活に転じてしまうと、老後資金が足りなくなってしまうことになりかねません。

住宅ローンはなるべく早い返済を心掛け、できれば現役時代完済しておきたいところです。現在の住宅ローン金利はこれ以上下がらない水準にありますが、金利が高かった時代の固定金利のまま返済している人は、借り換えを検討してみましょう。

住宅ローンには変動金利と固定金利があります。両者の違いは金利の上昇リスクを誰が取るのかという点です。変動金利は個人、固定金利は金融機関が金利変動リスクを負っています。表の金利は10年間のみ固定され11年目から変動になることに注意をしてください。

35年ローンで資金を借りた場合、30歳で家を買っても返済が終わるのは65歳。いまの時代は30歳でマイホームを購入している人は少ないと思いますので、70代まで返済が続く人も多いはずです。

ある程度の規模の会社で働くサラリーマンや公務員のように退職金がしっかり出そ

うな人は、そこで完済するという手段もあるでしょう。ただし、せっかく何十年も働いて手にした退職金が、一瞬で右から左に消えてしまうのは心情的に抵抗が大きいという人も少なくありません。

住宅ローンについては、現時点で利息をあといくら払わなければならないかを償還予定表を見て計算をしてみましょう。

たとえば60歳の時点で固定金利2％、1000万円のローンが残っていたとしましょう。残りの年数にもよりますが、これを退職金で一気に返済した場合、利息204万円分を節約できる計算になります。自分たちの場合、繰り上げ返済を行うことで結局、いくら節約できるのかをしっかり把握してください。そのうえでどこまで繰り上げ返済にあてるのかを決めていくと、納得のいく決断ができます。

運用

はじめて資産運用を考えている人は初心者向けの「iDeCo」と「つみたてNISA」

超低金利時代のいま、「お金を眠らせておくのはもったいない」とか、「老後資金を作りましょう」など、国や金融機関はさかんに投資や資産運用を勧めています。

投資と資産運用は同じような意味でつかわれていますが、少々異なります。投資は利益を得ることを目的として、株や債券、不動産などにお金を投じることです。一方、資産運用は現在自分が持っている資産を減らさないように、投資や貯蓄を行うこと。ある意味、定期預金に預けることも資産運用だといえます。これまでまったく投資をしてこなかった人が、「老後に備えなければ」といきなり投資に手を出すのはかなり危険なことです。投資で絶対確実に利益を上げるというのはそう簡単なことではありません。

私は第一歩として、自動積み立て定期預金をお勧めします。**毎月1万円でも給料日**

の翌日に引き落とされるようにしておけば、お金に対する意識も変わってくるでしょう。人間は弱いものですからお金があるとつい使ってしまいがちですし、定期預金も立派な運用であるということを忘れてはいけません。

もう少し積極的な運用をしたいなら、**初心者向けの運用としてよく紹介される「iDeCo」（イデコ）と「つみたてNISA」はいかがでしょうか。**

イデコとは、いわば自分で作る年金制度で「個人型確定拠出年金」と呼ばれるものです。

加入者が毎月一定の金額を積み立て、あらかじめ用意された定期預金や保険、投資信託といった金融商品を選んで運用します。基本的に60歳になって以降、年金、または一時金で受け取ることができます。

60歳にならないと引き出すことができないかわり、積み立て額がすべて所得控除の対象となるなど、節税効果が期待できるのがイデコの特徴です。

一方、つみたてＮＩＳＡは２０１８年１月から始まった積立式の少額投資非課税制度で、非課税投資枠は年間40万円が上限、投資期間が20年となっています。一般ＮＩ

ＳＡと比べ、少額から長期間で運用することができるためより入門的、初心者向けになってはいますが、あくまで投資であり価格変動リスクがあることは言うまでもありません。
銀行や保険会社が勧める金融商品を言われるままに手を出したり、いきなり株式を買うのであれば、毎月１万円、２万円の余裕を作って、積立式のリスクが低めの投資や運用から始めるのは賢明な選択です。

家計

妻が一時的にパートに出るなら厚生年金に加入するほうが得になる

子どもが大学に進学し、場合によっては留学したり、大学院に行かせたりするなどまだまだ教育費がかかりそうだというご家庭も多いと思います。専業主婦だったり、あるいは出産を期に仕事を中断していた妻がパートや仕事を再び始める必要性も生じてくるでしょう。

パートでも厚生年金に加入できる！

以下の条件をすべて満たすと加入が可能になる。
①企業の被保険者数が501人以上（※）
②毎月の賃金が8万8000円以上
③労働時間が週20時間以上
④１年以上勤務する見込み
⑤学生ではない

※（会社と従業員の合意があれば500人以下でも可）

働くといっても、年収を抑えることで夫の被扶養者となり、社会保険料の負担を回避する働き方を選択している女性も多いのが現状です。ですが、私は将来の生活防衛という観点から、**積極的に働くことで厚生年金に加入し、自分の年金を増やすことをお勧めします。**

①労働時間が週20時間以上②月収８万８０００円以上（年間１０６万円以上）③勤務先の被保険者数が５０１人以上、という３つの条件を満たすと、パートであっても厚生年金に加入することができます（学生は対象外）。なお、この条件を満たさなくとも、会社によっては加入できる場合があるので勤務先に尋ねてみましょう。

確かに年金保険料を回避したいというのは「いま優先」の考えとして理解できますが、いまの手取り額を増やすと将来の自分の年金は少ないまま。いまと将来のお金、どちらを選びますか。

仮に毎月8万8000円の収入であれば、毎月の年金と健康保険料の合計は1万3200円程度（40歳以上の場合）。これは国民年金の第1号被保険者が支払う1万6410円（2019年度価格）より安いですし、少しでも長く年金保険料をおさめることで、後に一生もらえる金額が増えます。いまを選ぶか、将来を選ぶか、それは人それぞれの考え方もありますが、年金保険料を支払うことは決して損するものではありません。

相続・葬儀

普通の家庭では相続税対策の心配はなし
法定相続人が3人なら4800万円まで非課税

50歳ともなると、両親がすでに亡くなっていたり、あるいは介護が必要であったりというケースも多くなってきます。

「健康寿命」という言葉をご存知ですか。日常的・継続的な医療・介護に依存しないで、自分の心身で生命維持し、自立した生活ができる生存期間のことを指します。この健康寿命の平均は現在日本人男性で72歳、同じく女性で75歳前後です。

たとえ両親が十分な年金を受け取り、ある程度の資産を残していたとしても、長期にわたる介護が必要になったりすれば、たちまち状況が変わってきます。

また、葬儀ともなれば、全国平均で１９５万円（２０１７年に日本消費者協会が実施したアンケート調査による）もの費用がかかり、自身の両親だけでなく妻の両親のことも考えに入れなければなりません。さらには墓地など死後にかかる支出もあるでしょう。

まだ両親が健在という場合であれば、元気なうちにお葬式の出し方や遺産分割など相続関係の相談をしておくことが望ましいでしょう。

親が生きている間に「亡くなったあとのこと」を話すのは気乗りがしない面もあると思いますが、早めに方針を固め、また資産状況を整理しておくことで、後々余計な問題が生じることを防ぐことができます。たとえば、親類や近所の人などが亡くなったタイミングで話し合っておくと自然な流れを演出することが可能です。

まとまった資産を相続することができる場合、気になるのは相続税の問題でしょう。**ただし、これについてたいていの方はご心配いりません。控除枠のなかにおさまることがほとんどだからです。**生命保険文化センターの調査によれば、2016年の死亡者数約130万7748人に対し、相続税の課税があったのは10万5880人。割合で言えば8・1％でした。

相続税の基礎控除額は3000万円＋600万円×法定相続人（相続税法で定められた相続人）の数になります。

たとえば80歳の夫が死亡した場合、配偶者と子ども2人の3人が相続人ですから、3000万円＋600万円×3人で4800万円が控除額です。相続税が心配な方は、**お金を銀行に預けておくのではなく、終身保険に加入することで保険会社に預けておきましょう。死亡保険金として受け取ると、500万円×法定相続人の数が非課税となるからです。**なお、死亡する人が契約者・被保険者として契約することが大切となります。

また自宅の相続については、要件を満たすと評価額が8割引きになりますし、配偶者には手厚い優遇措置があります。

相続税についての心配がない人も、「取り分」をめぐる親族間のトラブルには要注意です。むしろこちらのほうが「骨肉の争い」になるケースがありますので、できるだけ早いうちに、トラブルにならぬよう、よりよい分割方法を考えて遺言書として残しておくことが有効になるでしょう。

仕事

定年後も仕事を続けることは最大の「資産防衛」につながる

２０１３年４月に改正された高齢者雇用安定法により、60歳で定年を迎えたあとも、65歳までの雇用を希望する方は必ず雇用されることになっています。

しかし、今後はさらに70歳まで働けるような時代がやってくるかもしれません。２０１８年、政府は65歳までとなっている雇用の義務付けを70歳まで引き上げる方向で本格的に検討を始めると発表しました。**たとえ年収８００万円の人が60歳以降は４０**

0万円になったとしても、5年間で2000万円もの収入となり、同じ条件で70歳まで働ければ4000万円になります。もし働き続けることが可能であれば、これほど明快かつ確実な「資産防衛術」はありません。

そうしたときに、自分の働き口というものをどう確保していくのかという問題が、かなり重要になってきます。ある程度早い段階から、先に退職した会社の先輩に話を聞いたり、異業種の人脈と情報交換をするなど、自らの「価値」を見極めて再就職の準備をすることは、老後の不安を払拭するのに役立ちます。

場合によっては、資格を取得するなど積極的に学び直しをする必要もあるでしょう。そんなときは雇用保険の教育訓練給付制度を活用すると、かかった費用の一部が雇用保険から支払われます。

さらに収入を確保するためには、70歳まで年金受給開始を繰り下げることができれば、それだけで42％アップした年金を死ぬまで受け取ることができます。60代のとき年金に頼らずとも生活できる環境を作ることで、70歳以降はかなり生活に余裕が出てくることになるでしょう。

「もうここまでさんざん働いたのだから、そろそろ休んで好きなことをしたい」という方もいらっしゃると思います。もちろんそれも素晴らしい人生で、自分の時間を最優先させる生き方もありだと思います。

ただ、なんとなく「定年といえば60歳」というイメージだけを引きずったまま、前向きに働く意欲を見出せない方がいるとすれば、少しだけ発想を転換してみてはいかがでしょうか。

時代に合わせた、臨機応変な働き方がハッピー・リタイアメントを約束してくれる。そう考えたほうが、心も生活も楽になっていくような気がしてなりません。

どうなる！　日本の「未来年表」①（２０１９年～２０２５年）

文・横関寿寛

【２０１９年】10月から消費税が10％に

安倍晋三首相が２０１８年10月15日の臨時閣議で、かねてより予定していた消費税率を２０１９年10月に10％へ引き上げる方針を正式表明した。

そもそも消費増税の目的は「全世代型社会保障改革」と「財政健全化」で、これは２０１８年10月に発足した第４次安倍内閣が最大のチャレンジとして掲げていたものだ。

ここでいう「全世代型社会保障」とは、これまでは高齢者が中心であった社会保障を、消費税を10％に引き上げた際に増える税収で、子育て支援にまで広げるというもの。これは、少子高齢化で生産年齢人口が減るなか、「１億総活躍社会」を掲げて女性や高齢者などの活躍を目指す安倍政権の政策全般と符合するものだ。

一方で懸念されるのが、消費税率が引き上げられることで景気が落ち込むことだ。そこで景気対

【日本 未来の年表】2019年〜2025年
2019年
10月から消費税率が10%に上昇。IT技術者不足が顕著に。
2020年
東京五輪開催。以降、不動産価格が下落。女性の2人に1人が50歳以上になる。
2021年
企業の人件費がピーク迎え企業経営を圧迫。「介護離職」が増加する。
2022年
「1人暮らし社会」が本格化。
2024年
3人に1人が60歳以上の高齢者大国に。大量の大学が消滅の危機。
2025年
東京都も人口減少。認知症患者が700万人を突破。

策として、大型耐久消費財である自動車や住宅の購入補助や税制優遇、また、中小規模の店舗でクレジットカードなどのキャッシュレス決済で買い物をした人に期間限定で行う増税幅2％のポイント還元、酒と外食を除く飲食料品などを8％に据え置く軽減税率の導入などが検討されている。より具体的なものとしては、増税と同時の10月から幼児教育・保育の無償化も打ち出されている。

増税を補完する景気対策がさまざま挙げられるのは結構なことだが、それに伴う社会的混乱が不安視されている。

たとえば軽減税率では、対象となる飲食料品の線引きだ。本みりんは酒税法上は酒類の扱いなので10％だが、みりんは酒類の扱いにはならないので軽減税率対象の8％となる。コンビニのイートイン内での飲食（10％）と持ち帰り（8％）に対する課税の違いもややこしい。中小小売店が国庫負担で優遇されるのも、大規模店の経営サイドにしてみれば〝政治的差別〟としてしこりを残しかねない。キャッシュレスによるポイント還元も、生活弱者が多い高齢者層では電子マネー、スマートフォンの保有率が低いので、弱者切り捨てにつながることになる。レジ対応での混乱も予想され、政府は補助金で対応するとしているが、いずれにせよ大きな負担が強いられるのは必至だ。

【2020年】東京五輪開催以降、不動産価格は下落する

2020年は東京オリンピック・パラリンピックが開催される年だ。世界的なイベントに国民の期待は高まるだろうし、経済面での大きな浮揚ももちろん期待されている。

だが、金融機関と直接的につながっている不動産関連のシンクタンクは、一様にして「2020年を前後に、不動産価格がピークを打った後にひたすら下落をしていく」という見方を示している。たとえばブルームバーグなどは、2017年6月段階で東京・銀座の土地価格に警鐘を鳴らし「不動産物件は供給過剰状態にある」としている。

下落の幅がどの程度になるかは別として、不動産価格が下がる要因として以下のようなものが挙

2019年〜2025年

2020年の東京五輪後、不動産価格の下落を予測する声は多い

げられる。

1つは時間的要因だ。不動産価格は2012年から上がり続けているが、日本の不動産はおよそ7年周期で動くとの見方があり、時期的にもちょうど2020年がその転換点に当たるというもの。また、中国人をはじめとした外国人は、キャピタルゲインで不動産を購入するので、東京五輪前後で利益確定の投げ売りをするというもの。さらに、1991年の生産緑地法改正から30年が経過する。改正当時、多くの農地は税制面で優遇されるかわりに30年間の営農義務が課せられたが、2022年にはその縛りがなくなるため、農地が住宅用の土地として市場に大量供給されるとの見方があるのだ。

いずれにせよ、上がり続ける景気や相場はない。

【2021年】企業の人件費がピーク迎え、企業経営を圧迫

2021年には、団塊の世代についで人口に占めるボリュームが大きい団塊ジュニア世代がいよいよ50代に突入する（その先頭が1971年生まれ）。

50代と言えば働き盛りの世代だ。多くの場合、勤め先の企業で管理職や主戦力として重要業務を

担わされる。一方で、企業はその分だけ高額な給与を支払わなければいけない。その企業負担たるや、相当な金額になるだろう。

見た目の人件費だけの問題だけでは済まされない。ベテラン社員は仕事の習熟度が高い一方、フットワークが鈍くなりがちだ。組織はあらゆる年代の層がいてこそ円滑に機能するものだ。また、若手が少なければ知識やスキルの承継も行われないことになる。そういった目に見えにくいところで機能不全に陥り、企業や組織は活力を失う。さらには、大量のベテラン社員に用意されるべきポストがあろうはずもない。早期希望退職者を募るしかないのかもしれないが、それもあらかじめ莫大な引当金を積み上げておかねばならない。

さらなる問題がある。団塊ジュニアが高齢化するということは、70歳から90歳の団塊世代高齢者が大量に生まれるということでもある。つまりそこでは、団塊ジュニアの多くが、親の介護の問題に直面することになるのだ。

ところが、介護の現場は需要に間に追いついていない。特別養護老人ホームの入所待機者、待機予備軍は数十万人と言われており、この〝介護難民〟は今後さらに増加するだろう。

一方で、政府が介護政策全般を「在宅介護」の方向へシフトしてきたこともあり、介護サービスの利用者は２０００～２０１５年の間に約３・５倍近く増え、特に居宅サービスが３・94倍も増えている。

ところが、かつては在宅介護を担っていた専業主婦が減ったことで、働きながら介護をする人は346万人いる（2017年）。うち、40〜50代の働き盛り世代が203万人と多数を占める。団塊ジュニアの多くがこの数字をさらに増加させるであろうことはもはや必然だ。だが、働きながら介護をするのは容易ではない。そこでは多くの介護離職者を生み出すことになる。

本人が望まない形で離職する場合、企業と本人の双方にとってメリットが無い場合が多い。企業は重要な人材を失い、離職者にとっては厳しい現実が待ち受けていることになる。

【2022年】「1人暮らし」社会本格化で家族が消滅

かつては「夫婦の間に子供2人」の家庭というのが一般的だった時代があったが、出生率が2人を割り込んだ社会ではそもそもその前提から変わってしまっている。

現在日本の人口は減り続けているのだが、その一方で世帯数は増加している。国立社会保障・人口問題研究所による「日本の世帯数の将来推計」（2013年）によれば、2010年は5184万世帯だったところが、2019年には5307万世帯と123万世帯も増えて世帯数のピークを迎える。ただしその後は減少を続け、２０３５年には４９５６世帯まで落ち込むと見られている。平均世帯人員は、２０１０年が2・42人だったものが、２０３５年には2・20人になるとしている。数値低下の原因は１人暮らし世帯の増加だ。

この流れは年を追うごとに加速していくものとされる。とりわけて団塊の世代が75歳を迎える２０２２年以後は、夫に先立たれた１人暮らし女性が急速に増加するはずだ。

１人暮らし世帯が増加する要因は以下による。１つは、子どもと同居しない高齢者が増えたこと。そして、平均寿命が延びるにつれて、夫に先立たれる高齢女性が増えたこと。そして、未婚者が増えたことだ。さらには離婚率が高くなったこともそこに加わるだろう。

【２０２４年】３人に１人が60歳以上の高齢者大国に

団塊の世代が75歳（後期高齢者）以上になることによって、社会保障費の急増が懸念される「２０２５年問題」は、２０２４年から顕在化する。。

その２０２４年は、日本の人口が２０１５年より約３９０万人減る一方で、75歳以上人口は約４９０万人増え、人口減少以上に高齢者人口が増えることになる。さらに65〜74歳を加えるとその全体で約3677万人となり、国民の3人に1人以上が65歳以上という「超高齢者大国」になるのだ。ちなみに、この頃の毎年の死亡者数は150万人を超えて出生数の2倍の数字になるとされる。人が1人生まれる間に2人が死亡しているのだ。

これだけ高齢者ばかりの人口構成になれば、当然そこには多くの社会問題が噴出してくることになる。病人が増え、認知症患者や要介護者も当然多くなる。まずは社会保障費用の問題が浮かび、制度面でも対応が追い付かなくなるだろう。低所得を続けてきた高齢者が増えれば、衣食住すらままなくなる層も出てくる。その場合、生活保護費はどうなるのか。

政府としては、きたるべき「超高齢化社会」の到来に対して社会保障費用を抑制するため、医療・介護を病院内で完結させる形から、「地域完結型」にシフトさせようとしている。医療・介護・生活支援などを一体で提供する「地域包括ケアシステム」といった案が具体的に出されているが、そもそも労働生産人口が減っているなかで医療・介護人材の不足はどう補うのか。地域で支えるために在宅サービスを増やすにしても、これを利用する家族自体が消滅しかかっているのだから、さらに先行きは不透明だ。

これとは逆に、子どもが少ない時代は教育産業が危機を迎える。この年、全国の大学が消滅の危機を迎えているだろう。

18歳人口の減少に歯止めがかからず、自ずと進学率が伸び悩むことから、大学経営の世界では「２０１８年問題」というものが以前より議論されてきた。

18歳人口のピークは１９９２年の２０５万人で、２０１５年にはおおよそ１２０万人ほどにまで減っている。だが、18歳人口の減少がそのまま大学進学率の減少につながることはなかった。１９９２年当時の進学率は約39％だったが、現在はおよそ53％ほど。進学熱が人口減少を補ってきていたのだ。

ところが、進学率はほぼ横ばいでこれ以上は上がらないという状況で、18歳人口の減少は今後も続くので、さすがに２０１８年あたりから大学経営に深刻な影響が出ざるを得ない。２０１８年を起点とした５〜６年後、つまり２０２４年には全国で多くの大学が倒産・消滅しているだろう。

【２０２５年①】一極集中の東京都すら人口減少

「地方消滅」が言われ出したのが２０１４年。元岩手県知事で地方行政に詳しい増田寛也氏が全国各地の人口動静からその減少度合を推計し、全国１７９９都市のうち、２０４０年段階で８９６もの「消滅可能性都市」が生まれる可能性があると指摘した。

この時、地方が消滅する諸悪の根源は、とりわけ東京を代表する首都圏、大都市圏への人口集中とされた。

ところが、地方から人口を吸い上げて人口拡大した東京でさえ、2025年には人口が減少に転じる。東京都が2016年にまとめた報告書はこう推計している。

2015年の国勢調査を基準とした東京の人口は、2025年の1398万人でピークを迎え、2060年には1173万人まで減少する。23区の人口は、2030年の979万人をピークとし、2060年には840万人になっているとされる。

ここでもやはり原因は高齢化社会にあるとされる。分析によれば、一部地域ではタワーマンションの建設が進んで若者の都心回帰が広がり、出生数の減少緩和がしばらく続くが、団塊の世代が75歳以上になる2025年以後は、自然減の影響が相対的に強まるので、結果、人口は減少するというのである。

65歳以上の高齢者数は、2050年に419万人となってピークを迎え、2060年には395万人に減少する。生産年齢人口は、2015年の873万人が2025年には913万人まで増えるが、2060年には665万人まで減少するとされる。

ただしこれは過去の人口動態から推測されたもので、社会の変化次第ではこの通りにならないかもしれない。というのも、総務省の報告によれば、近年は東京の転入超過は相変わらずだが、大阪圏や名古屋圏で転出超過が続いているからだ。つまり、大阪や名古屋といった大都市を一足飛びにして東京へ転入する動きが起こっている。さらなる東京一極集中が進んでいる現実があるのだ。

【2025年②】認知症患者が700万人を突破

いまや日本人の2人に1人が「がん」になる時代だが、「超高齢化社会」にあっては認知症がそれだけメジャーな病になるかもしれない。

厚生労働省が2015年に行った推計によれば、全国の認知症高齢者は増加の一途をたどっており、2025年には700万人を突破すると見込まれている。内閣府の『高齢者白書』（2017年）でも、やはり団塊の世代が75歳以上となる2025年には認知症患者は730万人になり、65歳以上の実に5人に1人、2060年には3人に1人が認知症になるとしているのだ。

認知症にも種類があり、幻覚や奇声を発するなどの異常行動が見られるものもあるが、主な症状は物忘れだ。進行性で自覚症状がないので本人が気づかぬうちに日常生活に支障をきたし、判断力も低下している。火の消し忘れによる出火や自動車での暴走、家族の顔すら忘れてしまうので、さまざまな場所で問題となっている。

必ずしも高齢者ばかりに発症するとは限らないのも厄介なところだ。いわゆる「若年性アルツハイマー」などがそれだが、65歳未満の「若年性」患者も多く、50代後半から増えるが、40代で発症する人もいる。まさにこれから働き盛りといったところで発症した場合はとても厄介だ。

本人だけではない。認知症患者の60％は家族によって介護されているが、時には24時間体制での介護が要求されることもあり、肉体的・精神的負担は大きい。患者の暴言や暴力による介護放棄も問題となっている。

経済的損失から見た場合、介護者が外で働いていた場合は、介護に当たる分、収入減が強いられることもある。さらに、若年性で働いていた人が患者になってしまった場合は、ダブルの損失を抱える事にもなりかねない。社会全体で見ても、数多くの働き手を失うことになり、介護離職に関しては、企業サイドもその対策を強いられることになる。

厚生労働省では総合戦略としてオレンジプラン（認知症施策推進5か年計画）をまとめて対策に乗り出しているが、専門医やこれに十分対応できる介護職の人員が足りず必ずしも有効な対応に乗り出せているとは言えないのが現状だ。

2章【55歳〜59歳】

「老親」と「子ども」で大変！年収減に備えた生活スタイルを確立

年金

平均寿命まで生きる前提なら年金の「繰上げ受給」は損する

55歳までサラリーマンとしてつとめてこられた方々は、同じ会社で定年まで働き続けることが多いかと思います。その場合は今後も同じくらいの年金保険料を支払うことになります。

毎年送られてくる「ねんきん定期便」で、おおむね自分自身のリタイア後の年金受給額は把握していますか。59歳を迎えるときに、より詳しい封書が送られてくるはずです。

35歳、45歳を迎える人にもそれぞれ詳しい通知が送られますが、**59歳のときが現役最後の詳細な通知となりますので、**ここで年金加入履歴や納付額を確認し、間違いがないかどうか確かめておきましょう。

59歳時に送られてくる「ねんきん定期便」には次のような情報が含まれます。

55〜59歳「未来年表」

年金	59歳時の「ねんきん定期便」で加入期間や保険料納付額、受給見込み額を最終確認。昭和36年4月2日以降に生まれた男性の場合、老齢年金の支給は65歳から。**60歳からの繰上げ受給も選択できるが減額された年金が生涯続く**。長生きすることが前提なら繰上げは損。
家計	定年後に備え生活費の見直しに着手。自家用車の売却や携帯プランの変更、保険の見直しなど**固定費を削減すれば支出を抑えやすくなる**。
介護（親）	80代の両親が有料老人ホームに入れば毎月30万円近い費用がかかる。親の資産や年金を確認し、無理のない方針を選択すべき。**費用が安く済む特養は人気だが都市部では順番待ちでなかなか入れないケースも**。親が元気なうちに方針を確認し、親に万一のことがあっても子が銀行預金などを引き出せるように情報を共有しておく。
離婚	子どもの独立を機に「熟年離婚」に踏み切るケースが増えているが安易に決断すると後悔することも。妻は夫の年金や退職金を財産分与として受け取ることができるが、**あくまで婚姻期間のみが対象なので金額はそれほど多くならないことが普通**。
住宅	マイホーム取得から20年以上たつと、リフォームの必要が発生する。いずれ子どもの結婚費用も必要になるため、**独立した子どもたちには家に生活費を入れさせ、それを貯蓄して将来に備える**。
貯蓄・節税	定年から年金が支給されるまでの収入源をカバーするため**現役時代から確定拠出年金で所得税や住民税を節税**。また勤務先に財形年金貯蓄制度がある場合には55歳になる前から利用する。

①これまでの年金加入期間
②老齢年金の年金見込み額
③これまでの保険料納付額
④これまでの年金加入履歴
⑤これまでの国民年金保険料の納付状況

同じ会社にずっと勤めていた方であれば分かりやすいのですが、転職が多かったり、会社員とフリーランスの期間が両方ある人などは、間違いがないか注意が必要です。サラリーマンや公務員でも、学生時代の未納期間がある人はけっこう多いものです。前述したように、未納の期間があっても60歳以降に保険料を後からおさめることもできますから、その点も確認しておきましょう。

昭和36（1961）年4月2日以降生まれの男性と、昭和41（1966）年4月2日生まれの女性は、老齢年金について一律65歳からの支給となっています。この本の読者の方の大部分は「年金は65歳から」が原則となるはずです。ただし、減額を条件に60歳からの年金受け取りも可能です。

悩ましいのは年金をいつから受け取るのか、という判断です。これについては現在、通常の65歳から受け取る場合と、繰上げて60歳から受け取る場合、さらに繰下げて70歳から受け取る場合でどんなメリット、デメリットがあるかの比較検証がずいぶん行われています。

後ほど詳しく述べますが、何らかのはっきりとした事情があって、60歳から繰上げ受給をすることをすでに決めている方は、請求の手続きを行わなければなりません。繰上げの場合は自ら年金事務所に出向いて手続きを行うとスムースに事が運びます。繰上げるにしても、65歳から受け取る場合であっても、年金は申請しないともらえない制度です。

厚生労働省が発表している「厚生年金保険・国民年金事業の概要」によれば、２０１７年度に国民年金を繰上げ受給した人の割合は32・３％、本来（65歳）が66・３％、繰下げが１・５％となっています。

国民年金「繰上げ」「繰下げ」総受給額（単位：万円）

年齢	60歳で受給開始	65歳で受給開始	70歳で受給開始
60歳	546,070		
61歳	1,092,140		
62歳	1,638,210		
63歳	2,184,280		
64歳	2,730,350		
65歳	3,276,420	780,100	
66歳	3,822,490	1,560,200	
67歳	4,368,560	2,340,300	
68歳	4,914,630	3,120,400	
69歳	5,460,700	3,900,500	
70歳	6,006,770	4,680,600	1,107,742
71歳	6,552,840	5,460,700	2,215,484
72歳	7,098,910	6,240,800	3,323,226
73歳	7,644,980	7,020,900	4,430,968
74歳	8,191,050	7,801,000	5,538,710
75歳	8,737,120	8,581,100	6,646,452
76歳	9,283,190	9,361,200	7,754,194
77歳	9,829,260	10,141,300	8,861,936
78歳	10,375,330	10,921,400	9,969,678
79歳	10,921,400	11,701,500	11,077,420
80歳	11,467,470	12,481,600	12,185,162
81歳	12,013,540	13,261,700	13,292,904
82歳	12,559,610	14,041,800	14,400,646
83歳	13,105,680	14,821,900	15,508,388
84歳	13,651,750	15,602,000	16,616,130
85歳	14,197,820	16,382,100	17,723,872
86歳	14,743,890	17,162,200	18,311,614
87歳	15,289,960	17,942,300	19,939,356
88歳	15,836,030	18,722,400	21,047,098
89歳	16,382,100	19,502,500	22,154,840
90歳	16,928,170	20,282,600	23,262,582
91歳	17,474,240	21,062,700	24,370,324
92歳	18,020,310	21,842,800	25,478,066
93歳	18,566,380	22,622,900	26,585,808
94歳	19,112,450	23,403,000	27,693,550
95歳	19,658,520	24,183,100	28,801,292
96歳	20,204,590	24,963,200	29,909,034
97歳	20,750,660	25,743,300	31,016,776
98歳	21,296,730	26,523,400	32,124,518
99歳	21,842,800	27,303,500	33,232,260
100歳	22,388,870	28,083,600	34,340,002

76歳の時「65歳受給組」に追いつかれる

81歳の時「65歳受給組」を追い抜く

年金を早く受け取れば、その分受給額は1ヵ月につき0・5％減り、その金額は一生涯続くことになります。長生きをすると想定した場合、受取額の合計は少なくなってしまいます。

60歳から繰上げ受給を行った場合と65歳から受給を開始した場合の年金額を比べてみましょう。**繰上げで5年早く受け取った場合であっても、76歳のときには65歳から受け取った人に追いつかれてしまいます。**結論を申し上げると、繰上げ受給を選ぶのは損に繋がる可能性が高いでしょう。

逆に遅く受け取る場合は、1ヵ月につき0・7％増えていきます。もしも70歳まで繰下げた場合、65歳から受給した場合と同じ金額に達するのは81歳。

100歳時の総受給額をご覧ください。繰上げを選んだ人と繰下げを選んだ人との差額は、1200万円にも達するのです。男性の平均寿命は81・09歳、女性の平均寿命は87・26歳ですから、男性なら3年をめどに繰下げ、女性なら5年繰下げるという選択肢も考えられます。ご自身のライフプランに応じて考えてみましょう。

なお、わずかではありますが、年々繰上げ受給をする人が少なくなっています。やはり、繰上げ受給によるデメリットが認知されてきたことや、長生きに備えたいという安心を求める気持ちが反映されているのでしょう。

家計

将来に向けた生活費の見直しは「固定費」の削減からスタート

60歳が定年の場合、55歳を過ぎたタイミングで考えておきたいのは、生活スタイルの見直しです。

50歳のとき、「キャッシュフロー表」の作成をおすすめしました。これによって、定年後に毎年いくらの出費が可能なのかを把握することができたと思います。現役時代と比べて収入が低くなりますから、どうしても出費を抑えることが必要になってくるケースがほとんどです。

もっとも、60歳から生活費をいきなり毎月10万円落とすというのはなかなか難しいものです。たとえば、定年退職後の生活費を3割少なくしようと思ったら、**50代半ば**

意外に高い「マイカー」維持費
（1500ccクラス、駐車場を借りる場合）

●自動車税	3万4500円（1年）
●重量税	3万2800円（2年）
●自賠責保険	2万5830円（2年）
●自動車任意保険	8万円（1年）
●駐車場代	1〜2万円（1ヵ月）
●車検費用	6万円（2年）
●点検・整備費用ほか	2万円（1年）
●ガソリン代	5000〜１万円（1ヵ月）
●高速・有料道路代	3万円（1年）
年間維持費	約40〜50万円

から少しずつ、生活のレベルを見直していくのが無理のない形だといえるでしょう。

生活費の見直しとして有効なのは、何といっても固定費を減らすことです。たとえば自家用車を保有していた人であれば、売却することによって税金や維持費、自動車保険料、マンション住まいの場合は駐車場代など含めて、年間20万円から50万円程度の節約につながるのではないでしょうか。もちろん、地方と都市部では生活事情も違いますが、都市部に住んでいる場合は、検討の余地がありそうです。他にも固定電話や有料のテレビ番組、携帯電話のプランなど、現役時代から続いている「毎月の出費」を見直してみるのもよいでしょう。

また、保険を見直すことも有効な手段となります。1章でも触れましたが、子どもが独立したあとには大きな死亡保障は必要ありません。とくにこの年齢の場合、将来の入院について心配になり、つい医療保険に加入しがちです。

たとえば、55歳の男性終身保障の医療保険に加入した場合、最低でも保険料は毎月4000円です。85歳までの30年間では、144万円も保険料を払わなければなりません。もし、1ヵ月入院しても入院給付金はわずか15万円。保険に入ったつもりで貯蓄を行った方が得策だといえるでしょう。

貯蓄・節税

定年から年金支給までの「空白の5年間」の過ごし方

60歳で会社を定年退職し、65歳から年金を受給しようと考えているサラリーマンにとって、無収入の5年間をどう乗り切るかは切実な問題となります。

ここでは、「働く」以外の生活防衛術について、いくつかのヒントを考えてみたいと思います。少しでも有利につながる貯蓄を検討してみましょう。

まず1つ目は、確定拠出年金の利用です。お勤め先によって掛金額は異なりますが、自分で運用する年金のことをいいます。**支払った掛金は全額、所得から控除できるため、節税効果を期待することができます。**銀行に預金をしても節税につながることはありえませんが、確定拠出年金を通じて、預金として預けたり、投資信託を購入すると所得税と住民税の削減につながります。

確定拠出年金は60歳以降受け取ることができます。年金として受け取る場合は公的年金控除が適用されるものの、年金額が多い人の場合、所得税と住民税の課税対象になるため注意してください。一時金として受け取る場合には退職所得控除が適用されますが、退職金で控除を使い切っている場合にはやはり課税対象になってしまいます。受取時のシミュレーションをあらかじめ行っておくことがなによりも大切となります。

2つ目は財形年金貯蓄を利用すること。ただし、財形年金は55歳になる前から始める必要があるので注意が必要です。勤務先に財形年金貯蓄制度がある場合には、利用することを検討しましょう。**60歳になるまでは引き出しができないものの、1%程度、金利の上乗せがある企業も存在します。**金利が低い現在、増やすというメリットはありませんが、確実に貯蓄を行うことが可能です。

60歳で定年退職した後、仕事はしないと考えている方も少なくはないでしょう。年金支給開始までの5年間や長い老後を乗り切るために、現役時代から計画的な貯蓄や節税対策を行うことによって乗り切っていきましょう。

介護①

親が元気なうちに介護の可能性を話し合う

両親が80歳を過ぎる年齢になると、介護の問題が出てきます。自分の老後を心配する前にやってくるのが「親の老後問題」なのです。

まず、両親が元気なうちにおすすめしておきたいのは、しっかりと相談をしたうえで、金融機関にある親のお金を引き出せるようにしておくことです。**いまは銀行の力**

ードを指認証式にしているケースもありますが、この場合ですと親に不測の事態が起きて意思の疎通がはかれなくなると、たとえ子どもであってもお金の引き出しは非常に困難です。

親に十分な判断能力があるうちに、金融機関で「任意代理」の手続きをしておきましょう。任意代理は子どもの判断で出金したり、あるいは親名義の株式を売却したりすることも可能になります。

親が平均的な金額の年金を受け取っていて、貯蓄もそこそこあるという場合、介護

介護費用平均金額

介護期間	割合
6ヵ月未満	6.4%
6ヵ月〜1年	7.4%
1〜2年	12.6%
2〜3年	14.5%
3〜4年	14.5%
4〜10年	28.3%
10年以上	14.5%
不明	1.7%
	全体平均4年7ヵ月

介護費用（一般的費用の合計）	
費用なし	3.6%
15万円未満	19.0%
15〜25万円	8.6%
25〜50万円	6.8%
50〜100万円	9.1%
100〜150万円	6.0%
150〜200万円	1.9%
200万円以上	6.1%
不明	26.7%
	平均69万円

介護費用（月額）	
費用なし	3.6%
1万円未満	5.2%
1〜2万5000円	15.1%
2万5000〜5万円	11.0%
5万〜7万5000円	15.2%
7万5000〜10万円	4.8%
10万〜12万5000円	11.9%
12万5000〜15万円	3.0%
15万円以上	15.8%
不明	14.2%
	平均7.8万円

（生命保険文化センター調べ）

費用についてはさほど心配する必要はありません。

生命保険文化センターの調べでは、介護期間の平均が4年7ヵ月、費用は月7万8000円（2018年度）です。ただし、この費用はあくまでも在宅介護を含めたもの。施設に入所する場合には、最低でも月10数万は必要になるでしょう。親の資産でそれだけの金額を用意できれば、予算に見合った形で何とかやっていけるのではないでしょうか。

ただし有料老人ホームに入居する場合であれば最低でも毎月30万円近い費用がかかります。余裕があるなら長期間にわたって、このような施設に入居する場合もありますし、「特養」に入るためのウェイティングの間に利用する手もあります。特養（特別養護老人ホーム）とは、重度の介護を必要とする人が少ない費用負担で長期入所できる公的な介護施設をいいます。具体的には要介護3以上の認定を受けた人のみが入所の対象となります。比較的料金が低いため、全国で待機者が30万人にも達するのが現状です。

介護問題で重要なのは、親子間のコミュニケーションです。日ごろ同居していないと、こうした話を切り出しにくいものですし、いきなり「銀行の暗証番号を教えろ」などと言い出せば、余計な不信感を生じさせることにもつながりかねません。

そこでお正月など一家が集まるタイミングや、親族の葬儀のときなどに、そうした話をするひとつのチャンスです。

「お母さんも、いつこういうことが起きるかわからないからね……」と自然に切り出せば、お互いに少し具体的なことを考え始めるきっかけにもなることでしょう。

介護②

7段階の「要介護認定」と自己負担額をチェック

介護について言えば、50代ともなれば親の問題だけではなく、自分自身が将来介護を受ける可能性があることを考えなければなりません。しかし、健康で問題なく働いている現役世代にとって、介護保険制度の内容はあまり知られていないかもしれません。

日本では、40歳以上になると健康保険料とは別に介護保険料を徴収されます。サラ

介護認定表

区分	認定の目安	1ヵ月の支給限度額	自己負担額（1割の場合）
要支援1	日常生活の一部について介助を必要とする状態	5万0030円	5030円
要支援2	生活の一部について部分的に介護を必要とする状態（改善見込みあり）	10万4730円	1万0473円
要介護1	生活の一部について部分的に介護を必要とする状態	16万6920円	1万6692円
要介護2	軽度の介護を必要とする状態	19万6160円	1万9616円
要介護3	中等度の介護を必要とする状態	26万9310円	2万6931円
要介護4	重度の介護を必要とする状態	30万8060円	3万0806円
要介護5	最重度の介護を必要とする状態	36万0650円	3万6065円

リーマンの場合には自動的に天引きされているので、自分がどれくらいの介護保険料を支払っているのか、意識している人は少ないものです。40歳から保険料を払うのですが、実はもしも介護状態になったとしても、必ずしも介護保険を使えるわけではありません。40歳から64歳までは、末期がんなど特定の病気などによって要介護認定された人のみが介護保険を利用できると定められています。**65歳になると、交通事故など要介護認定された原因を問わず、介護サービスを受けられるようになります。**

　介護保険を利用するためには、市町村役場に介護保険の申請をするところから始まります。その後、本人と家族への認定調査、主治医の意見書などを参考にして、介護認定審査会にて要介護かどうか、またその程度が判定されます。介護の認定は「要支援」（1から2）から「要介護」（1から5）まで7段階。それぞれ1ヵ月の支給額の上限額が決まっています。そのうち利用者は原則1割を負担しますが、本人の所得によっては、2割負担や3割負担になる場合もあります。

現在の支給限度額（月額）は「要支援1」で5万30円、最も重い「要介護5」で36万650円となっています。

「介護にどれだけ金銭的負担がかかるんだろう」と考えている人も、介護保険がありますから、最大でも3割の負担と聞けば少し安心できるのではないでしょうか。もっとも、ケガや病気になった場合は、別途、医療費の負担が生じますし、介護の負担は金銭的な面だけではありません。家族の肉体的や、精神的負担も大きなものがあります。介護のために仕事が続けられないといった状況になれば、ご自分の老後資金に大きな影響を与えてしまうことは確実です。まずは介護保険の基本的な制度と仕組みをしっかり理解しておくことが必要になります。

家計

子どもの結婚・自宅購入を想定し援助資金を早めの段階で確保

50代後半になると、子どもが社会人となって独立したものの、そのまま実家で同居するというケースがよくあります。この場合、毎月少ない金額でも生活費としていくらかを家に入れさせることは、日本の慣習として根付いているようです。たとえ家計に余裕があったとしても、社会人として、生活費がかかることを意識させるために生活費を入れてもらうのは、よいことではないかと私は考えています。

この場合、子どもから受け取ったお金を本当に生活に充当してしまうのではなく、子どものための貯蓄に回すほうが賢明です。社会人になっても子どもには、まだいろいろとお金がかかるものです。5年、10年もすればすぐに結婚の話が出てくることになりますし、子どもがマイホームを買うとなれば、頭金の一部を親が負担したりすることもあります。そんな場合は百万円単位の出費が予想されるでしょう。

たとえ社会人になった子どもが毎月2万円を家に入れてくれれば、10年間で240万円。これを貯めておけば、いざ子どもが結婚するときにちょうどよい資金になることでしょう。

持ち家であっても、特に一軒家の場合には新築から20年くらいすると外壁の塗り替えやリフォームの必要性が生じてきます。さらに、電化製品や家具などの買い替えなどにかかる費用も馬鹿にはなりません。

子どもが独立してすぐに実家を離れ、夫婦2人だけになったという場合には、自宅を貸したいと考えている方もいらっしゃるでしょう。もし自宅が夫婦2人で生活するのには広くなり、もっとコンパクトなマンションに住みたいという場合には、自宅を貸して得られる家賃収入よりも低い金額の物件を選ぶことが必須です。

なぜなら、自分が住んでいなくとも固定資産税などの税金はかかりますし、火災保険料や賃貸人の交代時には壁紙の交換など出費はかさむもの。**正直に申し上げて、賃貸に出しても手間の割に収入は少ないものです。よほどのことでない限り、自宅に住み続けた方がよいケースが多いでしょう。**

いずれにせよ、50歳時点では見えてこなかった「将来にかかる出費」を改めて確認し、キャッシュフローの再検証をおすすめします。50代は何かと大変な時期ですが、余裕がないときほど将来起こりうる「現実」から目を背けてはなりません。

離婚

「熟年離婚」の先にある厳しい現実を理解すべし

人によってはまったく心配のない話かもしれませんが、結婚生活が20年以上ある夫婦の「熟年離婚」が多いのも50代です。子どもが独立するタイミングや、夫の定年が見えてきたところで「人生のリセット」に踏み切る夫婦は珍しくありません。

厚生労働省が発表している「同居期間別に見た離婚の構成割合の年次推移」によれば、国内の離婚件数そのものは2002年をピークに減少傾向にありますが、20年以上一緒にすごした夫婦の離婚率のみが右肩上がり。全体の離婚に占める「熟年離婚」の割合は20％近い水準で推移しています。

うっすらと離婚のことを考えている夫婦でも、やはり心配なのは「その後の生活」のことでしょう。特に厚生年金のない専業主婦の場合、相当な財産分与がなければ今後の長い老後をどう生きていけばいいのか、見通しが立ちません。

そもそも離婚の際には**預貯金や家などの財産のほか、公的年金も財産分与の対象となっています。年金には離婚分割制度があり、妻は離婚しても夫の厚生年金の一部を自分の年金として受け取ることができます。**

離婚分割には、「合意分割制度」と「第3号分割制度」があります。合意分割は、夫婦間で合意、または裁判手続きによって分割割合を決めるもの。一方、第3号分割は、第3号被保険者である妻からの請求により、自動分割。相手の同意は必要ありません。

分割の対象となるのは、婚姻期間中の年金記録になります。お互いに独身時の年金は、分ける必要がありません。なお、離婚の話し合いのときに年金分割についても取り決めを行いますが、取り決めをしなかった場合であっても、離婚から2年以内に手続きを行うことで分割することが可能となります。

離婚ともなれば必ずしも円満に行くとは限りません。仮に話し合いや家庭裁判所の審判で財産分与や慰謝料が決められたとしても、相手がまったく払ってくれないケースも考えられます。しかし年金分割は、妻が離婚時に年金分割を申請することによって、自動的に年金が受け取れるしくみになっています。「本当は夫と別れたいが、生活できなくなるので我慢している」という妻がいたとすれば、こうした制度の存在も知っておいていただきたいと思います。

でも、我慢ができるなら我慢をした方がよいと思います。**なぜなら年金分割といっても、分割されるのは厚生年金の婚姻期間のみ。一般的には夫の厚生年金は年間60万円程度、半分の30万円では生活は成り立ちません。**夫婦一緒であればなんとか生活できても、1人暮らしでは生活費が不足することになってしまうでしょう。

財産も年金も十分であれば離婚もしやすいとは思いますが、住宅ローンなどが残っていたりすると「借金も分割」されるため、問題が複雑化することがあります。もし「子どもが独立したら離婚してお互いの道を進もう」と前向きに合意している夫婦であれば、この先の人生をお互いが幸せに送ることができるよう財産分与や年金分割などを考えたいものです。

自営業

退職金や厚生年金がない自営業者が頼れる「国民年金基金」

本書では、主にサラリーマンや公務員など定年がある給与生活者に向けた解説をしていますが、ここではフリーランスとして仕事を続けてきた方や、自営業者の老後資金について触れてみたいと思います。

自営業のメリットのひとつは定年がなく、健康で働く意欲があれば、それこそ何歳になっても働き続けることができることです。私自身も自営業ですが、自分の好きな仕事を自由にできるというのは、ひとつの特権かもしれません。

しかし、サラリーマンのように、毎月の給料が保証されているわけでも、まとまった退職金があるわけでもありません。さらに年金も基本的には満額で毎月約6万5000円という国民年金のみなので、厚生年金や企業年金がある会社員と比べると、自

会社員と自営業者の年金

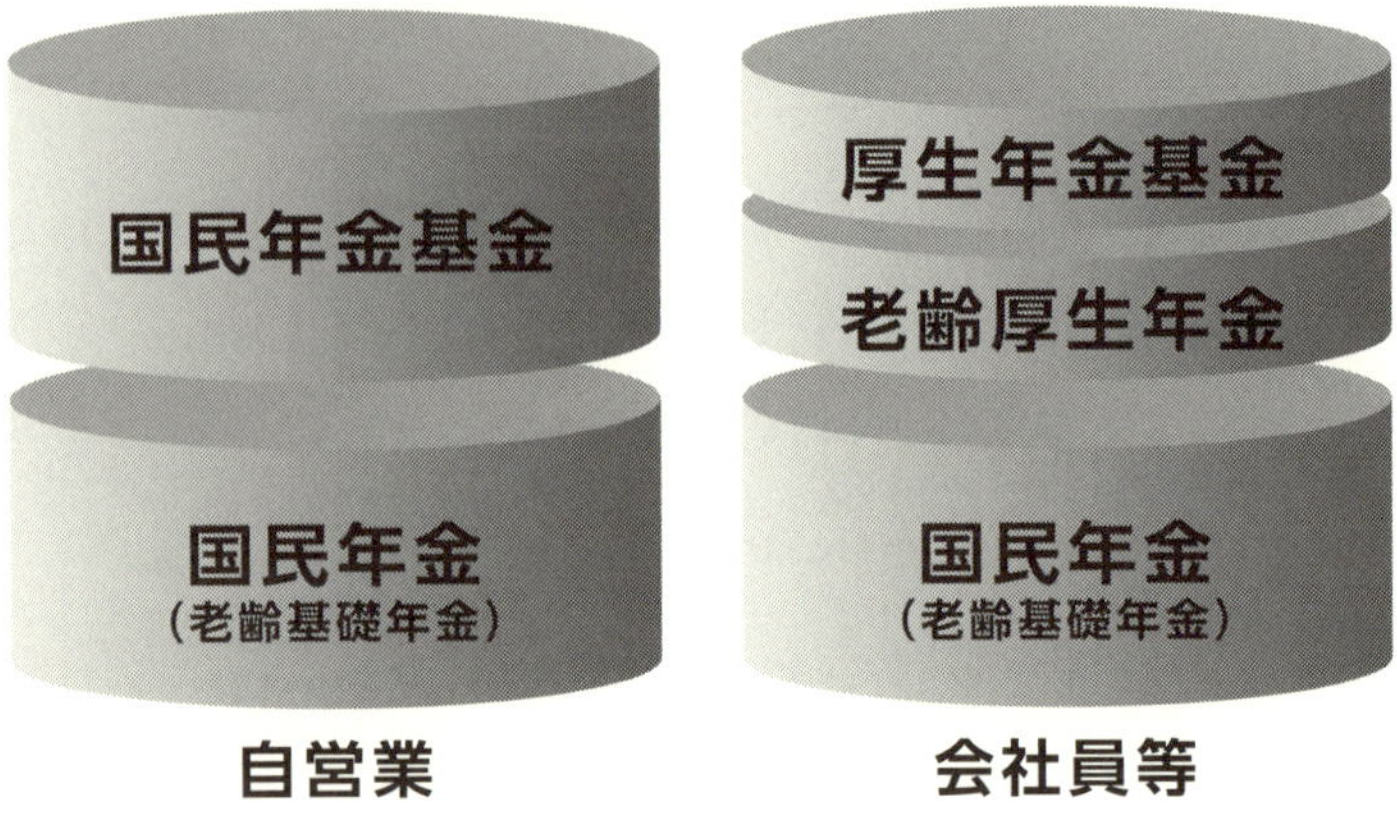

営業者に「老後の不安」が大きいのも事実です。とはいえ、自営業の方々はそうしたリスクを織り込み済み。ある程度若いうちから生活防衛を意識して、同年代のサラリーマンが定年を迎える頃には何とか老後を生き抜く目処をすでにつけている方が多いように思います。

そんな自営業者にとっても頼れる制度、それは「小規模企業共済」と、「国民年金基金」です。

小規模企業共済は、自営業者が自分の退職金を貯めていく制度です。毎月最大7万円（年間84万円）まで積み立てることができ、その掛金分は所得控除となるため、節税効果が期待できます。

また国民年金基金は1ヵ月の掛金の上限が6万8000円（個人型確定拠出年金との合算）で、60歳になるまで加入することができます。この制度も社会保険料控除として所得控除を受けることができます。結果、所得税や住民税の負担が軽くなります。**たとえば課税所得金額が400万円の方が、年額30万円の掛金を支払っていたとしましょう。30万円に所得税率20%を掛けて6万円、住民税率10%を掛けて3万円、合わせて9万円分の節約ができます。**

65歳以降、国民年金と合わせて「自営業者の2階建て年金」として受け取りが可能になります。国民年金基金の最大のメリットは、終身年金であること。生きている限り、一生涯にわたって受け取ることができるわけです。

掛金次第では、年間数十万円の節税効果が生まれるこうした制度を活用し、自営業者たちはしたたかに生き抜いているというわけです。

どうなる！　日本の「未来年表」②（2026年〜2030年）

文・横関寿寛

【2026年】インフラの老朽化で事故が多発

　2026年には全国各地で決壊など、橋に関する事故が多発するかもしれない。高度経済成長期に架けられた橋が一斉に老朽化を迎えるからだ。国土交通省道路局によれば、全国にある70万の橋のうち、47％がその寿命を迎えるという。

　直せばいいではないかと誰しも思うが、事はそんなに簡単ではない。というのも、橋の管理は市町村が68％、都道府県が19％、政令都市が7％、国が4％、高速道路会社が2％を担っているのだが、一番％の多い市町村に財政的余裕がないからだ。

　多くの地方都市は財政難で、人口減少がこれにさらなる拍車をかけている。ほとんど人や車が渡らない橋に関しては、建て替えが行われないのはもちろんのこと、解体や修繕も行われず放置されたままなのだ。ただ放置していただけでは危険なので、通行止め・利用禁止にされた橋の総数は全

Column

どうなる！　日本の「未来年表」②

2026年〜2030年

【日本 未来の年表】2026年〜2030年
2026年
インフラの老朽化で事故多発。米民間宇宙ロケットが火星移住者の輸送開始。
2027年
リニア中央新幹線開業で品川〜名古屋間が40分。輸血用血液不足で医療現場が崩壊。
2028年
国の借金が1400兆円規模に。医師の需給が逆転して供給過剰に。
2029年
BRICsの国内総生産（GDP）がG7を超える。小惑星が地球衝突の可能性。
2030年
デパート、銀行、ハンバーガーショップ、介護施設などが地方から消える。労働力人口が6100万人に減少して歯止めかからず。外国人観光客が6000万人突破。

国でおよそ２５００。この数字は２０２６年に向けて加速度的に増える可能性がある。

トンネルも事情は同じだ。こちらの管理は都道府県の46％が一番多いが、それに次ぐのが市町村で、23％だ。トンネル事故と言えば、２０１２年に山梨県大月市の笹子トンネルが崩落した事故が記憶に残る。この事故では９名の方が亡くなっている。高速道路会社は老朽化を大きな理由としたが、その４年前にも山口県下関市と福岡県北九州市を結ぶ関門トンネルで崩落事故が起きていた。

さらに他のインフラにも目を転じれば、水道管も老朽化が進んでいる。水道管の法的耐用年数は40年だが、現時点でこれを超えたものが１割存在しているのだ。

こちらも地方の人口減がその理由に大きく関係し

ている。人口減少によって水道事業が減収し、水道管の交換費用の捻出がままならなくなっているのだ。結果、水道管の破裂や漏水トラブルは年間2万5000件も起こっている。

高齢化社会においては、人間だけではなく社会インフラも高齢化を迎えているのである。

【2027年①】「リニア中央新幹線開業」で品川〜名古屋間が40分

いよいよ2027年には〝夢の乗り物〟が開業を迎える予定だ。言うまでもなく、品川〜名古屋間をわずか40分で結んでしまうリニア中央新幹線の開業のことだ。

その仕組みは、磁力によって車体を浮かせることで車体と軌道の接触を無くし、摩擦が生じないようにする。そして浮かせた磁力を操作して車体を走らせる。空気抵抗があるだけなので、結果、時速500キロでの走行が可能になる。列車が宙を飛ぶわけだ。

これによって前述のように、品川〜名古屋間が40分で結ばれる。現在は新幹線の「のぞみ」で約90分かかっているので、半分以下の時間で結ばれる。さらに2037年には新大阪まで延伸が予定されており、これが開通すれば大阪まで67分で移動できてしまう。

これだけの大型プロジェクトゆえ、投じられる金額も大きい。JR東海は、品川〜名古屋間の開業にかける総事業費は5兆5235億円としている。ちなみに大阪延伸まで含めれば9兆円の巨額投資となる。

経済効果はあらゆるところに及ぶだろう。たとえば49年ぶりとなる山手線の新駅「高輪ゲートウェイ」の開業も、リニア開通の延長線上での動きと考えられる。こちらはＪＲ東日本が事業主体だが、ＩＲ東が発表した計画によれば、高輪ゲートウェイ駅の開業は品川駅周辺の再開発プロジェクトと一体となって進められるもので、その周辺にはオフィスや商業施設の他、国際水準のホテル、国際会議を開くコンベンション施設の建設などが予定されている。さらにＪＲ東は２０１８年7月に、「変革２０２７」と銘打った長期経営計画を発表し、羽田空港と東京駅を直接結び付ける「羽田空港アクセス線」の構想も打ち出している。これらも含めた経済効果は莫大なものとなるだろう。

だが、東京都地方都市が高速鉄道で結ばれる際に常に懸念されるのが、ストロー効果の問題だ。地方のモノ・人・カネが東京に吸い上げられるばかりで地方に送り返されることはない。リニアの開通によって、東京一極集中がさらに進む可能性が高まるのだ。

【2027年②】輸血用血液不足で医療現場が崩壊

現在、日本の輸血用血液の100％が献血で賄われているが、日本赤十字社によると献血に協力している人の約76％が50歳未満で、この若い年齢で賄われている輸血用血液によって恩恵を受けているのは、実は高齢者なのだ。

輸血と言えば、事故やケガでの出血多量、緊急手術時に足りなくなる血液を補充するものとイメージしがちだが、実際はそういった用途はわずか3・5％にすぎない。残りのほとんどである約80％はがんや心臓病、白血病の治療に使われていることはあまり知られていない。なかでも、抗がん剤によるがん治療では、体内で血液を作ることが困難になるので、その使用量が大きい。ましてや、日本人の2人に1人ががんになる時代である。若くしてがんを患うこともあるにはあるが、高齢者と比べた場合、その数はたかが知れている。結局は、若者の献血によって高齢者の医療が成り立っているというのが実態なのだ。

日本赤十字社のシミュレーションによれば、2013年の年代別献血率が今後もそのまま維持されたと仮定した場合、需給バランスが完全に狂ってしまう臨界点は、とりわけ血液の必要量がピークを迎える2027年に如実に現れ、約85万人分もの血液が不足するとされている。

この不足分を補うのは相当な困難を要するだろう。そもそも血液製剤は長期保存がきかず、血小板製剤に至っては、わずか4日しか持たない。輸血が人々の善意から成り立っている以上、現状から鑑みれば打開策は見当たらない。

このことは、早く病院に運ばれたら命は助かるといった現在の常識が覆る社会が到来することを意味する。どんな名医がいようが最先端の設備が整っていようが、これまではあたかも当たり前かのように備わっていた〝医療資材〟が高齢化社会では揃わなくなる事態となり、〝打つ手なし〟となってしまうのだ。

【2028年①】「国の借金」が1400兆円規模に

2018年における日本国民1人当たりの借金額は830万円あることになる。良く聞く数字だが、この数字は国が抱えている1000兆円超の借金を、単純に国民の頭数で割るとこの数字が出てくるということだ。

改めてこの数字の確認をしてみよう。毎年の国家予算はおよそ100兆円ほどなので、借金額はその約10倍。たとえば年収300万円の世帯が3000万円の借金を抱えていることになる。もちろん1000兆円などという借金額は世界一。国としての経済規模がぜんぜん違うのであまり比較の対象にはならないかもしれないが、2015年にデフォルトの危機を迎えたギリシャの借金額がおよそ44兆円だったことを考えれば、日本の借金額の膨大さの1つの目安くらいにはなるだろう。

それでも日本がいまだデフォルトの危機に瀕していないのは、日本には個人金融資産がおよそ1400兆円ほどあるとされているからだ。つまり、政府財政だけでない日本全体を見た場合、資産保有量がそれだけ隠されており、そのことが金融世界における信用を保証しているのだ。

ところが、この信用がチャラになりかねないくらい国の借金が増大しかねない時代の到来が予想されている。それがこの2028年なのだ。現在のように毎年40兆円レベルの借金を重ねた場合、2028年にはその総額が1400兆円となり、日本国民の個人資産を全部吐き出してやっと相殺できるレベルにまで達してしまうことになる。

このような事態になれば、金融システム上の信用は崩壊する。現時点では、国の借金の約95%が国内で購入される国債で賄われており、その金利は0・7%と、とても低い利率にとどまっているが、借金額が1400兆円ともなれば、この信用力が一気に崩壊することも考えられる。

【2028年②】医師の需給が逆転して「供給過剰」に

日本全国の歯科医の数がコンビニより多いというのは比較的知られた話だ。少し前には、やはり整骨院がコンビニの数を上回り、あまりにも増え過ぎではないかと問題になったものだ。

医療の現場では、長いこと医師不足が叫ばれ、もはや誰もが疑うことのない常識かのように言われ続けてきた。ところが2018年4月、厚生労働省の医師需給分科会は、医師の総数が2028年頃に約35万人となり、医師の需要とバランスが均衡するとの見通しを公表した。

それによると、高齢化でここ数年は医師の需要は増大するものの、同時に進む人口減で将来的には需要の減少が見込まれる。逆に、慢性的な医師不足を解消するため、2008年から始まった医学部の定員増によって医師の供給は今後、増加が続く。それを勘案した場合、2028年を境に医師の需給バランスが逆転することになるとの推計結果が出たという。

具体的に今後の医師数は、2016年が約31万4700人だったものが、2028年には約34万9400人に、さらに先の2040年には約37万1300人に達し、供給が需要を3万5000人も上回るという。

この推計結果を受け、ある民間企業が医師向けに行ったアンケート結果によると、7割の医師が大都市圏のみ医師過剰になると回答しており、「医師不足にならない」「全国的に医師過剰になる」との回答がほぼ残りを2分した。

医師が供給過剰になるとどうなるか。2019年には消費増税が行われるが、医療費が国家財政を逼迫させている現状は変わらない。日本の医療費は他の先進国と比べて安い部類に入るが、これは時間外労働など、医療者の献身的な労働で成り立っている部分が多い。となると、国が医療費の増加を抑制させねばならない以上、待遇改善が十分に図られることはないと見込まれる。

さらにそこへきて医師の過剰となれば、医師の給料はさらに下がる可能性がある。未来の医師は、忙しくてなおかつ給料が低い「報われない職業」になるかもしれない。

【2029年】BRICsの国内総生産(GDP)がG7を超える

ゴールドマン・サックスのチーフエコノミストであるジム・オニール氏が示した見解によれば、2029年にはBRICsの国内総生産（GDP）がG7を超える可能性があるという。

確かに、BRICs（ブラジル、ロシア、インド、中国）をはじめとするかつての後進国の経済成長は、今後、さらに伸びるのは確実だろう。ロイターでも、やはりこの頃、非ＢＲＩＣｓであるメキシコの経済規模がブラジルを上回るのではないかといった見方も示している。

そもそもこのオニール氏は、ＢＲＩＣｓという概念を生み出した当の本人だ。２００１年のことだが、さらに時間が経過して、オニール氏はＢＲＩＣｓ各国がここまでその経済力を拡大するとは考えていなかったようだ。

となると、将来的にはＧ７の枠組みも見直す時期が来るかもしれない。現在の名目ＧＤＰ上位国を見ると（ＩＭＦによる予想値）、１位がアメリカの約21・５％、２位が中国の約14・２％、３位が日本で約５・２％、以下、約４・１％のドイツのほか１～２％台で先進諸国の名前があるなか、５位にインド、９位にブラジルと、ＢＲＩＣｓ諸国の名前が入る。この順位も２０２９年には大きく様変わりしていてもおかしくない。

そのなか、日本はゼロないしはマイナス成長の国となっている。日本の労働生産性が悪いことは有名だ。さらに労働生産人口が今後どんどん少なくなっていく。一方で、世界の国々のＧＤＰは伸びており、現時点で日本のＧＤＰは中国の半分以下、欧州の５分の１という水準まで落ち込んでいる。これでは日本が占める世界的な経済ポジションは下がっていくのは必然のように思われる。

【2030年①】デパート、銀行、介護施設などが地方から消える

国土交通省がまとめた『国土のグランドデザイン2050』(2014年)を見ると、地方在住者は目をつむりたくなるようなシミュレーションが行われている。

3大都市圏を除いた地方自治体内において、食料品店の小売店や郵便局、銀行、介護施設、一般病院、ハンバーガー店、大学といった、現在はだいたいどこの自治体でも当たり前のように存在している諸施設が、どの程度の人口がいれば事業として継続可能なのかを計算したものなのだが、逆に言えば、その存在可能性数字の下限を大きく下回った場合は、これら施設が撤退してしまうことを意味する。

具体的に見れば、飲食料品の小売業は人口500人の場合80%の存在確率で、介護老人福祉施設は4500人なら80%で5000人なら50%だ。だから、500人の人口を維持できなければけっこうな確率で撤退し、無くなってしまう可能性が高いということだ。

施設ごとに存在確率50%の数字を見てみると、一般病院で5500人、銀行で6500人、訪問介護事業が8500人、緊急告示病院1万7500人、ハンバーガー店3万2500人、有料老人

ホーム4万2500人、大学12万5000人などだ。つまり、現在は3万2500人ほどの人口がある地域に住んでいる人は気軽にマクドナルドに出かけて行ってハンバーガーを食べることができるが、今後、少しでも人口減少が進めば、遠くまで出かけないと食べられなくなってしまうのだ。

内閣府がまとめた報告書『地域の経済2016』によれば、2030年度には全国の80％にあたる38の道府県で、域内の供給力では地域の需要を賄いきれなくなるような生産力不足に陥ると予想されている。

もちろん、少子高齢化が進むなか、若者は衰退する地域を後にして都会に流れ、生産年齢人口が減少すればさらに需要が賄いきれなくなり、そうすると先ほどのようにあらゆる施設が撤退し、人口減少はおろか過疎化までしかねない……といった、加速度的な衰退減少が進むだろう。

【2030年②】銀行が多数倒産する

2017年、三菱UFJフィナンシャルグループ、三井住友フィナンシャルグループ、みずほフィナンシャルグループの3大メガバンク各行がほぼ一斉に大胆なリストラ策を発表した。三菱UFJは9500人分の業務削減を、三井住友は同じく4000人分を、みずほはより具体的に1万9

000人の人員削減を今後行っていくとしたのだ。

みずほ以外は「業務削減」で「人員削減」とまで言及してはいないが、業界は額面どおりの受け止め方をしていない。結果、大胆な人員削減が行われるものと受け止めている。あちこちで人手不足が叫ばれるなか、銀行の、しかもメガバンクで大胆な人員削減が行われようとしているのには以下のような理由が考えられる。

低金利の時代、国内で金を貸していても大きな利益は見込めない。かつてのような大規模な設備投資が行われる時代でもなく、金利の高い中小企業相手に貸すにも貸し倒れリスクが伴う。にもかかわらず、銀行としてはコンビニや流通、IT分野から参入したネット銀行などとも戦っていかなくてはならない。IT時代で、将来的にはAIの活用で銀行業務のかなりの部分のスリム化が期待されるが、全国各地の有人店舗を多数持ち、人員も配置している身重な状態ではあまりにも高コスト体質だ。だから、削減せざるを得ないというわけだ。

銀行業務の抜本的見直しを図らないといけないという意味では、2016年に金融庁が示した将来予測でも明らかだ。すでに本業が赤字になっている地銀や信用金庫は4割に達し、2025年には6割に達するとしているのだ。となれば、まずは地銀や信金が破綻し、銀行の破綻は連鎖を引き起こすので、金融機関の経営破綻が相次ぐことになる。

【2030年③】外国人観光客が6000万人突破

JNTO（日本政府観光局）データによれば、2018年の訪日外国人は、前年比8・7％の3119万人で、とうとう3000万人の大台を超えた。2016年が2404万人、2017年が2869万人だったので、まさに右肩上がりの順調な伸びと言える。

国内で富を増やせないなら、外国人に落としてもらおう——うがった見方をすればこういうことにもなるのだが、日本は観光資源が豊かな国だ。それならこれを有効利用しない手はない。正しい判断だろう。

いわゆるインバウンド需要を取り込みたい日本政府は、2016年に「明日の日本を支える観光ビジョン構想会議」（議長・安倍晋三）を開き、2020年に4000万人、2030年には6000万人という目標を掲げた。かつては20年までに2000万人、30年までに3000万人としていたのでかなり大幅に上方修正した形だ。2015年までの伸びが、予想を上回る順調ぶりだったからだ。

2018年実績で国・地域別の内訳を見ると、中国が25％、韓国が20％、台湾が19％で圧倒的多数を占めている。これに続いて香港、アメリカ、タイが1桁の%で名を連ね、その他が19%となっている。この数字を見ると、今後のインバウンド需要を支えていくのは成長著しいアジアの国々と思われる。そして底堅く先進諸国がこれを支える形になるだろう。

だが、順調な伸びを支えるには国内的に解決しなければならない問題も多い。

たとえば、ホテルや旅館のキャパシティの問題だ。既に大都市のホテル・宿泊施設のキャパは限界に近い状態にある。ホテル・旅館は大きな投資が必要なので、そうすぐに増やせるものではない。仮に増やしたとしても、労働力不足は顕著で、必要な人材を確保することは難しい。

また、地域によって格差が広がることも懸念される。外国人観光客の訪問先は大都市や特別な観光地に偏っている。東京・名古屋・大阪といった大都市は満杯だが、特に、四国や東北は非常に少ないのが現状だ。これは、情報発信力や観光地の基盤整備の問題でもある。だが今後の人口減少で労働生産人口を失い、それと同時に地方財政がひっ迫するなか、取り残された地方の観光地にそんな余裕が残っているとは考えにくい。国中がインバウンド需要の順調な伸びに喜ぶ一方で、地方における観光地格差は徐々に進行する可能性がある。

3章【60歳～64歳】

住宅ローン完済ならほっと一息「退職金」で投資デビューは危険

退職金①

あなたの退職金を狙う金融機関の「甘い勧誘」に騙されてはいけない

60歳という年齢は、長年サラリーマン生活を送ってこられた方や、公務員にとって最大の「節目の年」になります。

日本では60歳を一応の「定年」としている会社が多く、そこから65歳までは、年収をやや下げる形で「継続雇用」となるのがもっともよくあるパターンだといえるでしょう。退職金が支払われ、また希望すれば年金の繰上げ受給も可能になる60歳という年齢は、「老後生活」の実質的なスタート地点だといえそうです。

老後の生活を考えるうえで外しては考えられないのが「退職金」です。大きな会社に40年近く勤務した人や公務員であれば、数千万円という現金を一気に手にすることになります。長年、仕事を続けてきたサラリーマンにとっては何とも感慨深いこの「退職金」について考えていきましょう。

60〜64歳「未来年表」

退職金	退職金は38年勤続した人の場合、2060万円までは税金がかからない。一括で受け取ったほうが税制面ではお得だが、運用率が高ければ年金として受け取るのもいい。退職金を手にしたサラリーマンには金融機関からの営業が殺到する。**これまで投資や運用をしてこなかった人がいきなり「退職金を元手に増やす」ことを考えるのは危険**。「初めての株式投資」といった証券セミナーには安易に参加しないこと。
住宅	住宅ローンの残債がある場合には退職金で一括返済するのが有効。**元金が大きければ大きいほど利払いを節減する効果は大きくなる。**なお、完済時期がすぐ先に見えている場合などは、慌てて返済する必要はない。
仕事	60歳の定年まで働いた会社で再雇用され、引き続き65歳まで仕事をするのが普通の時代に。**将来的には公務員も含め、定年そのものが65歳まで延長される可能性が高い**。再雇用によって年収が半減したとしても、年間300万円稼げば５年で1500万円になり、その後のライフプランを大いに助けることになる。
失業給付	勤続20年以上で定年退職を迎えた場合には、最高で150日間の失業給付が受けられる。**60歳の場合、最大で１日約7000円程度**。ただしこの失業給付は65歳の前々日までに退職する必要あり。
相続	60代ともなれば人間いつ何が起きるか分からない。自分の死後、財産や資産を誰にどう渡すのか。エンディングノートに整理して書きとめ、定期的に見直す。**子どもがいない場合や家族関係がイレギュラーな場合は特に、自分の意思をはっきりさせておくこと**が重要になる。
実家	親の住んでいた地方の実家が空き家になった場合、住まないことがはっきりしている場合はなるべく早く処分したほうが良い。放置するとますます売れなくなるばかりか**固定資産税がかかり続ける「負の遺産」に**。

厚生労働省が発表した「平成30年就労条件総合調査　結果の概況」によれば、退職金給付制度がある会社は80・5％。しかし、終身雇用が当たり前だった時代とは異なり、新卒から定年まで同じ会社で働く人はさまざまな理由により少なくなっています。さらに外資系の企業で働く方は退職金制度がないケースがほとんどです。

前出の調査で、２０１７年の１年間における勤続35年以上の定年退職者の退職金は、大卒（管理・事務・技術職）で平均１９９７万円となっていますが、２０１３年の２１５６万円と比較するとかなり減少していることが分かります。退職金の減少傾向は長く続いており、公務員を除けば「長く働けば退職金が増える」という構図は今後も薄まっていくものと思われます。

とはいえ、上場企業などの大企業で働いたサラリーマンにとって、数千万円もの退職金は、間違いなく老後の生活を支える中核的な資金になるでしょう。この退職金の「受け取り方」と「使い方」については、よく考える必要があります。

退職金が支払われると、どこからともなく金融機関などから投資や金融商品、セミナーの案内がやってきます。電話攻撃に遭う方も珍しくはありません。銀行は顧客の財布の中身を知っていますから、大金を手にした60歳の方々に巧みに営業をかけてくるわけです。

「そんなこと分かっているよ。オレは騙されないから大丈夫だよ」という方も、話を聞いているうちについ、退職金で「初めての投資（博打？）」に手を出してしまうケースが多々あります。しかし、**これまで投資や資産運用の経験がない人が「退職金を元手に資産を増やそう」と考えるのはあまりにも危険すぎます。**

日本人は「元本保証」という言葉さえあれば、何でも信用してしまうところがあります。私はかつて、退職金を手にした男性顧客が、営業マンの巧みな言葉に誘導されて、元本保証だと思い込み外貨建て変額保険に2000万円分も加入させられたケースを目にしたことがあります。

セールスマンからは為替手数料や為替リスク、解約解除や保険関係の費用の説明は一切なく、「元本保証」もあくまで外貨建てベースでの話なのですが、知識がなければ、たちまちリスクの高い商品を売りつけられてしまうのです。

銀行や証券会社、保険会社が顧客にすすめる商品は、基本的にもっとも売りたい商

品（＝自分たちがいちばん儲かる商品）ですから、そんな商品で資産運用ができると思ったら大間違いです。現役であるいまのうちから、毎月1万円程度で投資信託などを利用して資産運用や投資の練習をすることが何よりも大切となります。そこではじめて、リスクの高い商品が自分に向いているかどうかを判断することができるでしょう。退職金をもらったからといって、リスクの高い商品に手を出さないようにしましょう。

運用や投資に興味のある方は、確定拠出年金やつみたてＮＩＳＡなどを利用して、定年退職までにリスクのある商品に慣れておきましょう。間違っても「カモネギ」にはならないよう、注意していただきたいと思います。

退職金②

定年時に住宅ローンが残っている場合退職金で完済したほうが大きな得

退職金は長年働いたごほうびなのだから、夫婦で海外の船旅に出たり、本当に自分が欲しかった高価な買い物をしたい……そういう思いをめぐらせている方もきっと多いと思います。でも、ちょっと待ってください。

退職金の使い道としてまず考えられるのは、負債を解消するということです。

住宅ローンが残っている場合、繰上げ返済を検討することは合理的な選択だといえます。ですが「住宅ローンの残りを払ったら退職金はゼロ」と右から左へお金が消える状況になってしまうと、急に手放すのが惜しくなってしまう気持ちもよく理解できます。

驚いたことに夫の感情とは別に、退職金をすべて住宅ローン返済に使うことを嫌がる妻も存在します。「夫が亡くなった場合、団信に入っているのでローンの心配はないのだから、退職金をゼロにしてまで一気に返すなんてとんでもない」という怖い奥様もいるようです。繰上げ返済については、ローンがあとどの程度残っているかで、その対処方法もかなり変わってくるはずです。

仮に60歳時点で住宅ローンが２０００万円以上残っていたとすると、退職金で一部でも返済しておかないと、後々、「あのとき返しておいてよかった」と後悔することになるでしょう。大金が一瞬で消える虚しさはあるかもしれませんが、その分利息を払わなくて済みますし、借金がすべてなくなったという爽快感も、また悪くないものです。

住宅ローンの償還表を見てください。**残債が大きいほど利子の負担が重くなります。**繰上げ返済は、将来の利払いを減らすことができますから、結果としてそのまま返済を続けるよりも、貯蓄が増えることになります。一方、ローンの返済まであと数年程度で、金利が低いという場合には、あえて急いで返さなくともかまいません。もちろん、返済してもよいのですが、利息の圧縮額は思ったよりも少ないものです。いずれにしても、金融機関でシミュレーションをしてもらい、どのようにするのかを検討してみるといいでしょう。

退職金③

税金面で優遇されている退職金の「受け取り方式」は主に３種類ある

虎の子の退職金をどう受け取るか――これについては、会社によって決められている場合と、社員が選択できる場合があり、誰にでも選択肢があるわけではありません。

退職金の受け取り方には大まかにいって3通りあります。

①一時金として一括で受け取る
②企業年金として受け取る
③一時金と年金を併用して受け取る

企業年金とは、退職金を会社の外部に積み立てて、定年後に年金として分割方式で受け取るシステムのことをいいます。一生支払われる終身方式もあれば、退職後10年、15年などと期限が定められていること、併用方式などから選択できる企業も多いことでしょう。

税金面だけで見れば、退職金は一時金で受け取ったほうが有利となります。退職金にも所得税や住民税はかかりますが、やはり毎月の給与とは異なる性格のお金なので、

退職所得控除額の計算方法

勤続年数（A年）

①20年以下の場合

40万円×A（80万円に満たない場合は80万円）

②20年以上の場合

800万円＋70万円×（A－20年）

※勤続38年の退職金の場合2060万円が非課税

800万円＋70万円×（38－20）＝**2060万円**

大きな控除額が設けられているからです。

退職所得控除額は勤続年数によって異なります。**勤続20年までは、1年につき40万円が非課税になります。20年以上勤続した場合、21年目から退職までの年数に70万円を掛けて計算を行うことになります。**

たとえば38年会社に勤めた方の場合ですと、まず40万円×20年で800万円。そして70万円×残りの18年で1260万円。合計すると2060万円までは税金がかかりません。

なお、退職所得控除を超える部分については税金がかかりますが、超えた分の半分が課税対象になるという軽減措置が設けられています。役員など、よほど高い退職金でない限りは、大部分が手元に残るよう配慮されています。

一方、年金として退職金を受け取る場合には、雑所得として取り扱われます。しかし、公的年金との合計額が２００万円程度であれば、一般に税金はかかりませんし、運用率が高ければ、結果的に得になるケースもあるので、十分に会社の説明を受けてどちらがよいのかを考えておきましょう。

企業年金は基本的に外部の機関に積み立て、運用されています。仮に自分の会社の経営が行き詰まってしまったとしても、それほど大きな影響は受けないようですが、運用難に陥っているケースもあるかもしれません。そんな心配があるような場合、年金ではなく、先に一時金として退職金をすべて受け取っておいたほうが良いでしょう。

退職金④

退職金を投入しての資産運用は「安全第一」理解できない商品には手を出さない

受け取った数千万円の退職金をどうしたらいいのか。老後の資産防衛という観点からすれば、ただ単に普通預金口座に眠らせておくよりは、何らかの形で運用を考えるべきでしょう。

現役時代から投資を手がけ、自分のスタイルを作り上げて成功している人であれば、ある程度のリスクを取ることもあっていいと思いますが、これから運用を考えようという人は「増やす」ことよりも「減らさない」という意識で臨むことが大切です。

その場合、次の3つの点に注意していただきたいと思います。

①自分の理解できない商品に手を出さない。
②投資対象やタイミングを分散させる。
③安全第一の方針を貫く。

①については言うまでもありません。十分な理解がないままに運用に手を出すくらいであれば、何もしないほうがよほどよいともいえます。
金融機関の人間が騙すはずはない、間違いないと思い込んではいけません。所詮、プロ対素人。営業マン（若い女性のケースも多い）と顧客との知識や情報の格差は計

り知れないものがあります。こちらの無知さを利用したセールストークを繰り広げる営業マンはたくさんいるものです。

いくら「元本保証です」「〇×手数料はかかりません」などと説明されても、実はドルでは元本保証でも円では元本割れすることもあり得たり、手数料を別途支払うのではなく、支払額のなかに含まれているため「手数料がかからない」と表現する人が後を絶ちません。これらの商品は相当、知識のある人でないと複雑なカラクリを見破ることはできないのです。

人の良い日本人は、銀行員にすすめられるとつい断りきれずに「じゃ、言われたとおりやってみるか」となりがちですが、本当に儲かる商品なら、銀行員が自分で買えばいいのです。これは不動産投資でも何でも言えることです。

②は、リスク分散の基本です。日本株、外国株、債券、金など、結局、プロでも何が儲かるのかはわからないのです。そこで、リスクや性格の異なる商品に分散して投資を行うのが鉄則。株にしろ、投資信託にしろ、生活に影響をきたさない最少の金額から始めて、自分に合っているかどうか確認しながら感触をつかんでいくことが大切

です。さらに、投資する時間も分散してください。**一度に何百万円といったお金を特定の投資に費やすことのないよう、注意しなければなりません。**

③の安全第一とは、たとえば個人向け国債や銀行の定期預金のように、大きく儲けることはできないけれども、間違いなく元本割れしないという商品のことです。特に定年後に初めて運用を考える人にはおすすめできます。たとえば、仕組預金という商品があります。預金ですから基本的に元本割れしませんが、特殊な運用が仕組まれているため、満期前に解約すると大幅に元本割れすることに気をつけてください。そもそも、儲かるとか金利が高い商品には何かのカラクリがあると疑ってかかることが鉄則です。

60歳まできちんと会社をつとめあげ、その後も65歳までは働こうとしている人にとって、何が何でも運用で稼がないといけない事情はあまりないでしょう。当分引き出さなくてもいいまとまった資金があれば、インターネット銀行の定期預金(一般的に金利が高い)で運用するなど、確実に「増やす」ことを目指しましょう。

年金①

70歳女性の平均余命は20年あまり「繰下げ受給」で得する確率は高い

60歳になったときに発生するひとつの権利が年金の繰上げ受給です。たとえば現在58歳の男性の年金受給は65歳からですが、申請することによって60歳から繰上げて老齢厚生年金と老齢基礎年金を受け取ることができます。国民年金から受け取る年金を老齢基礎年金といいます。

2章でも触れましたが、年金を繰上げ受給すると1ヵ月に0・5％の割合で減額され、逆に繰り下げて遅く受給する場合には1ヵ月に0・7％の増額となります。老齢基礎年金を60歳から受給すれば、65歳から受給する場合（年間78万100円、2019年価格）の70％（約54万6000円）、逆に70歳からだと142％（約110万7700円）の受給が一生続くことになります。

また繰上げ受給した場合には、障害基礎年金を請求できなくなる、寡婦年金が支給

主な年齢の平均余命（単位：年）

年齢	男			女		
	平成29年	平成28年	前年との差	平成29年	平成28年	前年との差
0歳	81.09	80.9	80.11	87.26	87.14	0.13
5	76.30	76.20	0.11	82.48	82.37	0.11
10	71.33	71.23	0.11	77.50	77.39	0.11
15	66.37	66.26	0.11	72.52	72.42	0.11
20	61.45	61.34	0.11	67.57	67.46	0.11
25	56.59	56.49	0.11	62.63	62.53	0.10
30	51.73	51.63	0.10	57.70	57.61	0.10
35	46.88	46.78	0.10	52.79	52.69	0.10
40	42.05	41.96	0.09	47.90	47.82	0.09
45	37.28	37.20	0.09	43.06	42.98	0.08
50	32.61	32.54	0.07	38.29	38.21	0.08
55	28.08	28.02	0.06	33.59	33.53	0.07
60	23.72	23.67	0.04	28.97	28.91	0.06
65	19.57	19.55	0.02	24.43	24.38	0.05
70	15.73	15.72	0.01	20.03	19.98	0.04
75	12.18	12.14	0.03	15.79	15.76	0.03
80	8.95	8.92	0.03	11.84	11.82	0.02
85	6.26	6.27	△0.01	8.39	8.39	△0.00
90	4.25	4.28	△0.03	5.61	5.62	△0.00

厚生労働省「簡易生命表」（2017年）

されない（あるいは受給停止）、65歳になるまで遺族厚生年金を併給できないといったデメリットもあります。

もらえる総額だけで見ると「平均以上に長生きできるのであれば繰下げたほうが得」という結論になりますが、「人間はいつ死ぬか分からない。もらえるものは早く受け取っておいたほうがいい」という考え方もあるでしょう。こればかりはどちらが正しいかは誰にも分かりません。

もともと年金とは「長生き」というリスクに対する保険です。先ほど日本人男性の平均寿命について触れたように、女性の場合は約87歳と男性よりさらに6年も長くなっています。これは妻が年下の場合、夫の死後、さらに10年近く人生が続くイメージになります。平均寿命は0歳児が平均して何歳まで生きるかというもの。私たちがあと何年くらい生きるのかは平均余命で判断します。

厚生労働省の簡易生命表を見ると、70歳女性の平均余命は20年ほどあるため、半数以上の方は90歳まで生きています。高い確率で繰下げ受給は「お得」になることが分かります。もし60歳の時点で健康も家計も問題ないのであれば、様子を見ながら受給開始を繰下げても良いでしょう。年金を繰下げる場合には、厚生年金と国民年金の両方でも片方でもどちらでも大丈夫です。

年金②

60歳以降も同じ会社で働く場合に老齢厚生年金をカットされるケースがある

いまの日本では60歳で定年を迎えたあとも、会社の再雇用制度などを利用して65歳くらいまで働きたいと考えている人は多いと思います。

その場合、厚生年金に加入しながら働くことになりますが、ここで注意が必要なのは、60歳以降で老齢厚生年金を受け取りながら仕事もするという場合、一定以上の収入があると年金が減額されてしまうことです。

これは「在職老齢年金」と呼ばれるもので、60歳から64歳の間は、年金の1ヵ月分とボーナスを含む給料1ヵ月分の合計額が28万円以上になると、超えた部分の2分の1の年金支給が停止されてしまいます。これが65歳になると厚生年金と給料の合計が47万円まではカットされません。

これらの制度も今後、変わっていく可能性がありますが、60歳以降であっても働きながら、年金もカットされずに受け取りたいという場合には、会社と相談して年金＋給与を1ヵ月28万円以内とするように働けるか検討してみてください。もっとも60歳から年金を受け取れるのは繰上げを選択した方と年齢の高い方のみとなります。**あるいは会社に雇用されている形ではなく、自営業者として仕事をすれば、年金がカットされることはありません。要するに、厚生年金に加入しない形で働けば、年金がカッ**

トされることはなくなるわけです。

ただし、フリーランスになった場合、妻が60歳未満の専業主婦の場合、妻の国民年金保険料、1万6410円を毎月60歳になるまで支払う必要があります。国民健康保険や介護保険の保険料負担など、総合的に判断することが何よりも大切となります。

失業給付

勤続20年以上で定年退職した場合には最高150日間の「失業給付」を受けられる

60歳でいまの会社員生活には区切りをつけ、次の人生を考えながら少し時間をかけて仕事を探したい——そう考える方も多いと思います。長年、働き続けてきたサラリーマンが定年を迎えたとき、ゆっくりしたいと考えるのは当然のことでしょう。

勤続20年以上で定年退職をした場合、最高150日間の失業給付が受けられます。

また倒産や解雇など、会社都合の場合は最高240日に設定されています。給付額には上限があり、それまでどんなに高給であっても最大で7083円（60歳の場合）ですが、制度を利用することによって、時間をかけてセカンドライフを模索することが可能になります。

この失業給付で気をつけなければならないのは、65歳で退職をしようと考えている方です。**雇用保険の失業給付が150日分認められるのは65歳未満で、65歳の誕生日の2日前（前々日）までに会社を退職していることが要件となっています。**勤務先との事情もあると思いますが、1日でも遅くなると受け付けてもらえなくなるので注意が必要です。

失業給付を受け取っている最中に仕事が見つかった場合であっても、つい、「失業給付をもらい終わってから仕事に就こう」と先延ばしにしてしまいませんか。そこで政府は、失業給付を100日以上残して、次の仕事が見つかった場合、かつ年収が大きく下がってしまう人に「高年齢雇用継続基本給付金」という制度を設けています。

この制度は雇用保険に5年以上加入していて、再雇用後の給料が60歳時の給与の75%未満に下がったとき、新しい給与の最高15%を受け取ることができるというものです。たとえば新しい職場の給料が毎月20万円であれば、3万円が失業給付の残日数に応じて1年間、または2年間上乗せされるという仕組みです。

こうした制度はあまり現役世代には知られていないものですが、知っておくだけで定年後の生活に少なからぬ助けになるものがあります。雇用保険には失業給付だけでなく、教育訓練給付制度がありますので、何か資格を取得して退職後に新境地を切り開きたい方など、ぜひ活用していただきたいと思います。

さらに親の介護で困った場合、介護休業給付を受けることが可能です。なお、自営業者など雇用保険を受給できない方は、職業訓練支援制度や求職者支援制度を活用しましょう。

どうなる！　日本の「未来年表」③（2031年〜2035年）

文・横関寿寛

【2031年】「うつ病」患者の増加が深刻な社会問題に

世界保健機構（WHO）は「2030年にはうつ病が世界で最も患者数が多い疾病になる」との推計を2012年に発表している。さらにWHOが2017年に発表した推計では、世界中でうつ病を患っている人が3億2200万人に上ったとしている（推計数字は2015年のもの）。これは世界中の人口のおよそ4％にあたる数字で、2005年と比べると約18％も増加しているという。

ということは、2030年以後は日本でもうつ病患者が溢れていることになるのだろうか。

同じ発表では、日本の人数は約506万人（2015年の推計数字）としている。WHOの統計は専門家による推計なので、医師にうつ病と診断された人以外も含めた数字となっている。なお、実際に厚生労働省が行った調査によれば、うつ病などの気分障害で医療機関を受診している人は約112万人となっている（2014年）。

【日本 未来の年表】2031年〜2035年
2031年
がんの転移を抑止する薬剤が開発される。中国経済がアメリカの水準に追いつく。
2032年
インドの国内総生産（GDP）が日本を上回る。
2033年
国内3分の1の住居が空き家になる。100歳人口が大幅増加。温暖化が進み、アフリカ・キリマンジャロの氷河が消滅する可能性。
2034年
いまある仕事の半分が機械化、AI（人工知能）に代替される。
2035年
団塊の世代が80歳を超え、80歳以上人口がピークを迎える。男性の3人に1人、女性の5人に1人が生涯未婚に。

問題なのは、それが子どもにも及んでいるということだ。うつ病やその兆候が見られる症状を抱える子どもが多く、子どものうつ病が一般的になっているとさえ指摘されている（『子どものからだと心白書２０１７』）。

うつ病とは、気分が落ち込んで憂鬱になり、ものごとに対する意欲や興味が極端に低下する精神疾患だ。食欲不振や不眠などの症状も出る。脳に働く伝達物質の減少や脳機能の異常ともされるが、明確な原因は未だ究明されていない。性格やストレス、病気や環境の変化も関係するとされている。

とりわけ厄介なのが自殺願望をともなうことで、重篤になると実際に自殺をしてしまうこともある。

もともと日本は自殺が多い国だ。２０１７年の「自殺対策白書」によれば、世界各国の自殺死亡率（人口

10万人当たり）を比較すると、日本はワースト6位だった。

しかもうつ病は、健康問題を理由とした自殺のなかでもとりわけて自殺に結び付きやすい。警視庁の「自殺統計」を見ると、２０１５年の健康問題を理由とした自殺１万２１４５件のうち、うつ病によるものが５０８０件と１位で、４割を超えている。

【２０３３年①】３分の１の住居が「空き家」になる

野村総合研究所の試算（２０１６年）によれば、２０３３年の空き家率は30・４％になるという。総住宅数約７１２６万戸のうち、空き家数が２１６７万戸弱で、全国のだいたい３戸に１戸が空き家となる計算だ。

全国的に空き家が増え始めたのは２０１３年頃からだ。総務省の「住宅・土地統計調査」（２０１３年）では、過去最高となる約８２０万戸の空き家数を記録し、この時点で13・５％、つまり７～８軒に１軒は誰も住まない家になっていたのだ。

空き家が増える主な原因は人口が減少する状況での住宅供給過剰にある。そこには日本人の新しいもの好きや〝持ち家信仰〟といったものもあるだろう。

2031年〜2035年

たとえば、欧米の住宅市場では全住宅取引に中古が占める割合が70〜90％と高いにもかかわらず、日本の場合、わずか15％程度でしかない。また、固定資産税の問題もある。空き家のまま放っておいた住宅を取り壊して更地にしようとすれば、固定資産税は6倍も跳ね上がってしまう。土地の再利用のメドが立っているなら話は別だが、そうでなければわざわざコストをかける理由は見当たらない。

空き家問題解消を考えた場合厄介なのは、高齢者が施設に入ったり、死亡したりして管理が行き届かなくなったケースだ。さらには所有者が不明もしくは確定できないものまである。一般財団法人国土計画協会によると、２０１６年時点で所有者が不明もしくは確定できない土地は、全国で約４１０万ヘクタールに及ぶとされる。これは九州の３６８万ヘクタールより広いことになる。

空き家が増えると景観が損なわれ、建物が朽ちて崩壊すれば近隣で被害が生じる可能性もある。また数が増えれば、周辺一帯の地下が下落することも考えられる。

問題は地方の一軒家だけにとどまらない。２０１３年の空き家総数のうち、約60％にあたる４７１万戸がマンションなどの共同住宅だった。マンションで空き家が増えると管理組合が維持できなくなる可能性がある。

【2033年②】「100歳人口」が20万人を突破する

日本神経学会は「神経疾患克服に向けた研究推進の提言2016」で、2033年までに認知症・神経障害なき健康寿命100歳を達成する、との目標を掲げた。これはもちろん提言・目標ではあるが、そのための具体的なロードマップまで提示している。

100歳以上の高齢者は急増している。厚生労働省が2017年に公表した高齢者調査では、100歳以上の高齢者は全国で6万7824人に上り、20年間で約6・7倍も増えたことが分かったという。ちなみに大半は女性で、5万9627人と9割以上を占めている。

調査が始まったのは1963年。当時は全国でわずか153人しかいなかった100歳以上の高齢者はその後、年々増え続け、1998年には1万人を突破、2015年に6万人を突破した。国立社会保障・人口問題研究所の推計によれば、総人口が減少する一方で100歳以上の高齢者は増え続け、2025年には13万3000人、2035年には25万6000人、2050年には53万2000人に達すると予測している。

政府はこういった状況を鑑み、2017年に「人生100年時代構想会議」の初会合を開催している。今後は、過疎や少子化で高齢者の支え手が不足すること、社会保障をどう見直すかが焦点となるだろう。

【2034年】いまある仕事の47％が機械化される

2013年、イギリスのオックスフォード大学でAIを研究するマイケル・A・オズボーン教授が発表した論文「未来の雇用」は当時、衝撃をもって受け止められた。なにしろ、AIやロボットの発達によって、今後10〜20年後にはいまある仕事の47％が機械によって奪われる、という内容だったからだ。この論文が発表されて以降、人工知能脅威論が世界中で囁かれるようになった。

やり玉に挙げられた仕事のトップ10を見てみると、1位が販売員で、2位・会計士、3位・事務員、4位・営業職、5位・秘書、6位・飲食店の接客係、7位・レジ打ち、8位・箱詰めや荷物の積み下ろし作業員、9位・帳簿係、10位・大型トラックなどの運転手となっている。選別理由は作業の中身だけによるのではない。ランキング入りした職業は、就業人口や平均給与なども考慮に入れて選んだという。

もちろん反論もある。経済協力開発機構（OECD）のレポートでは、タスクの50％以上が自動化する職業はＯＥＣＤ21カ国平均で35％と見積もっている。そして約９％の職業自体が自動化の末になくなるとしている。

さまざまな見方があるなか、オズボーン論文が半数の仕事がなくなっているだろうとした２０３０年にはどんな未来が待っていることだろうか。

再びオズボーン論文に戻れば、なくなるとされた職業はルーティーンな労働と肉体を酷使する労働だった。確かにこういったものはかなりなくなっているだろう。だが、ＯＥＣＤのレポートでは高いスキルを求められる仕事も、今後は高度に学習したＡＩによって置き換わるとされている。

【２０３５年①】80歳以上人口がピークを迎える

いわゆる団塊の世代がすべて75歳を迎えて後期高齢者になるタイミングの危機として知られるのが「２０２５年問題」だ。この年、全人口の５人に１人が75歳以上になり、65歳以上となるとじつに３人に１人が該当する。

人口と生産労働人口の両方が減少して少子高齢化が進むのは先進国では日本だけで、アメリカでは人口は増加しており、ドイツでは若干の人口減少はあるものの、生産労働人口は増加している。

持続可能な社会を維持していくためにどんな社会保障モデルを構築していくかということが「2025年問題」として議論されている。

だが、2025年からさらに10年後の2035年、今度は団塊ジュニアが65歳以上、団塊の世代が85歳以上となる時、今度は爆発的に介護サービスの需要が高まる。より怖いのが「2035年問題」と言える。

国立社会保障・人口問題研究所の推計（2012年）では、2035年の65歳以上の高齢者は3人に1人、2042年には減少に転じるものの、依然出生率を上回り、やがて国民の2・5人に1人が65歳以上という社会が到来するとされている。

2035年段階でどんな問題が生じるのか。経済面では、これまで様々見てきたように、人口減少・動態の変化で地域間格差が拡大し、相対的貧困や世代間格差も拡大するのは必至だ。

厚生労働省ではこの「2035年問題」を見据え、2015年から「保健医療2035」という策定懇談会を開催している。

【2035年②】男性の3人に1人、女性の5人に1人が生涯未婚に

「生涯未婚率」は50歳までに1度も結婚したことがない人の数字から算出されている。国立社会保障・人口問題研究所が2017年に公表した生涯未婚率によれば、2015年度の数字は、男性で23・6％、女性は14・4％だ。

これを今後の予測を交えてみれば（2015年版『厚生労働白書』）、2035年には男性が29％（およそ3人に1人）、女性は19・2％（およそ5人に1人）が生涯未婚になると推計されている。これを1970年の数字と比較すれば、いかに「未婚化」が一般化し、進むかがよく分かる。この年の生涯未婚率は男性で1・7％、女性で3・3％。1985年の段階でも、双方ともに5％以下だった。あまりにも驚くべき変化と言えよう。

国立社会保障・人口問題研究所の調査では、未婚の男性の85・7％、女性の89・3％が「いずれ結婚するつもり」と回答している。まったく結婚しないつもりではないのだ。この数字は、1982年当時で男性96％、女性94％だったので、未婚率の落ち込みに比べれば拍子抜けするくらい結婚願望は高いことになる。問題は、結婚する、したいという意思とは別のところにあるのだ。

4章【65歳～69歳】

本格的な「年金生活」スタート
襲いかかる「多額出費」に備えよ

退職金

ほとんどの企業、公務員が「定年65歳時代」へ 60歳での退職金受け取りはアテにできない

政府は現在、段階的に公務員の定年年齢を引き上げようとしています。具体的には2021年度から3年ごとに定年を1歳ずつ上げるというもので、すでに報道では、2033年に「65歳定年」とする方向で検討が始まっていると伝えられています。もしそうなれば、現在50歳前後の公務員の多くは65歳まで働き続けることになり、民間もそれに追随していく形となりそうです。

これまでは60歳で定年→再雇用で5年働き、65歳でリタイアするというのが基本の流れでしたが、5年後ろ倒しになり、65歳定年→さらに再雇用で70歳まで働くという時代が見えてきました。まだ正式には議論されていませんが、年金のさらなる制度改革として支給開始年齢を68歳とする案も浮上しており、日本の年金制度を取り巻く状況を客観的に見ると、それも十分にあり得るシナリオと言わざるを得ません。

65〜69歳「未来年表」

年金	1961年4月2日以降生まれの人が年金を受け取れるのは65歳から。制度改革によってさらに支給開始年齢が遅くなる可能性もあるので、将来の資金計画に楽観は禁物。**70歳まで支給を繰下げれば受給額は42%増**。女性のほうが平均寿命が長いので妻のみ繰下げという手もある。
住民税	会社を退職した翌年に高い住民税の納付が待っている。**特に1月から4月の間に退職した場合、5月までの住民税が一括徴収されるので注意**。
退職金	公務員の定年は段階的に延長される見通しで、正式な**定年そのものが65歳となる可能性が高い**。民間企業含め、60歳時点で退職金が入るという計算が狂う可能性があるので今後の動向に注目。
葬儀・墓地	両親の墓を管理する人間がいない場合、遺骨をほかの墓地に移し「墓じまい」をするケースも。このとき**法外な費用を要求されるトラブルも報告されているので要注意**。新たな霊園に改葬するとなると、墓石の費用を含め都市部では数百万円が必要なケースも。
医療	原則として3割を自己負担すれば診察や投薬を受けられる。また高額療養費制度によって自己負担の上限が定められており、民間の医療保険に入らなくても公的制度でカバーされる範囲は広い。75歳未満の人は**事前に「健康保険限度額適用認定証」を窓口で提出すれば自己負担分だけを払えばよい**。病院の入院日数が突出して長いのは認知症や精神的な病気あるいは脳卒中で、がんなどはそれほど長くない。
保険	定年退職後、継続雇用の場合は**それまでの健康保険に任意継続被保険者として2年間加入できる**が、労使折半から自己負担になるので金額が上がる。医療保険に入る場合には、健康保険が適用されない先進医療をカバーする先進医療保険特約を付けたほうが安心。
住宅	資金を借り入れてのリフォームは極力避けたい。介護のためのリフォームであれば**介護保険制度で上限20万円(自己負担額1割)の給付を受けることが可能**。

そうなると、**現在50歳より下の世代にとっては定年で退職金を受け取ることができるのは65歳と見るべきなのかもしれません。**年金も、いまのところ60歳から繰上げ受給することができますが、これについても何年か引き上げられる可能性もあります。

いわゆる団塊世代の次に人口が多い「団塊ジュニア」世代（１９７１年から１９７４年生まれ）が65歳になるのは２０３０年代半ばですから、ここまでに何らかの年金制度改革が実施されている可能性は高いはずです。

明るい話があまりないように見える日本の未来ですが、仕事をするということを前向きに、そして意欲的に考える人であれば、65歳や70歳まで働く選択肢があるというのは必ずしも悪いことばかりではありません。今後、老後の資金を年金や退職金に頼り切ることができないことは、いまの時点で分かっていることなので、その心積もりで準備をしておく必要があります。

家族

年金生活に入ってからの思わぬ多額出費「子どもの結婚」「墓じまい」に備える

60代のころにやってくるのが子どもの結婚です。現在はなるべくお金をかけない質素な結婚式も多くなっていると聞きますが、それでも人生の節目のイベントですから、しっかりとした式を挙げるとなると親もかなりの出費を覚悟しなければなりません。

結婚式にかかる費用にはさまざまな調査がありますが、結婚情報誌『ゼクシィ』の調べ（2018年）によれば、**結婚式における親・親族からの援助総額は約195万円という数字が出ています。**両家から約100万円ずつ支援を受けているイメージですが、実際にはそれだけでなく、結婚式が遠方であれば交通費や宿泊費もかかりますし、新居を構えるとなったら別途お祝いを出したりすることもあるでしょう。

年金暮らしになってからの100万円単位での出費はかなり重いものではありますが、だからといって子どもの結婚式に「お金は出せません」と拒否することも難しいものです。結婚適齢期の子どもが何人かいる場合には、急に資金が必要になる可能性を頭に入れて、あらかじめ別に分けておく必要があります。なお、前述のように子どもから家に入れてもらったお金を貯めておくとよいでしょう。

また近年、家族関係でかかる大きな費用に墓・墓地の問題があります。

両親とも亡くなってしまうと、実家にある墓を管理する人間がいなくなり、やむなく改葬するケースが多発しています。その際、離檀料やこれまでの墓を撤去する費用など法外とも思える「墓じまい」の費用を寺から請求されるなどトラブルが増えているのです。

また、墓を新しく建てるとなると、霊園の区画や墓石を購入する費用も案外高くつくもの。**都市部で利便性の高いところでは、総額数百万円もすることが普通です。**親の葬儀費用に加えて、墓地の問題がセットになった場合には思いがけない高額出費となってしまうことでしょう。

現在40歳後半から50歳前後の団塊ジュニア世代は、これからまさにそうした問題に直面していくことが予想されます。負担は大きいのに恩恵が少ないと言われる世代ですが、試練はまだしばらく続くかもしれません。

健康保険

定年退職後の健康保険料は2倍になることも「国民健康保険」との比較で賢い選択を

会社員や公務員時代に自動的に加入していた健康保険や共済組合。定年退職後は、どの医療保険制度に加入すればいちばん保険料が安いのでしょうか。

継続雇用の場合は、現役時代と同じ制度に加入しますが、健康保険への加入義務があるのは正社員の4分の3以上の労働時間、日数で働く場合。それより働く日数が少ない場合には、別の医療保険制度に入ることを考えなければなりません。

方法のひとつとして、希望すれば、退職前と同じ健康保険に任意継続被保険者として加入できます。なお、期間は2年までとなっており、現役時代は会社と折半だった保険料が全額自己負担となります。ただし、負担が大きくなりすぎないように限度額が設けられているためご安心ください。次の2つのうち低い金額を支払います。

①会社員時代に払っていた健康保険料の２倍

②協会けんぽの保険料（東京支部の場合であれば月額３万２５６４円）

任意継続以外には国民健康保険に入るか、あるいは家族の健康保険の扶養に入る手もあります。しかし、定年退職者は前年の年収が高いため、扶養に入るのは条件的に難しいことが多いでしょう。国民健康保険の保険料は最高80万円（年額）と意外に高いものです。**現役時代の年収が４５０万円程度なら任意継続被保険者と国民健康保険のどちらを選んでも大きな違いはなさそうです。**

国民健康保険料は自治体によって基準が異なるため、一度試算をしてもらうとよいでしょう。その上でどちらの制度の加入するのかを検討しましょう。収入の高い方であれば、これまでと同じ健康保険に任意継続して加入したほうが安く抑えられるということが多々あるものです。

もっとも、どの健康保険に加入したとしても、60代の自己負担割合は3割で変わりません。

任意継続被保険者となるためには、退職日の翌日から20日以内に以前の健康保険組合か住所地の協会けんぽ支部で手続きをする必要があります。2年後には国民健康保険に入ることになりますが、このときは前年の収入が低くなっているために保険料も安くなっていることでしょう。

住民税

前年の収入によって決まる住民税 退職しても翌年5月まで支払いが残る

現役時代の住民税は、前年の所得によって決定された金額をその年の6月から翌年の5月にかけ、毎月、源泉徴収されていました。会社を辞めた場合でも、翌年の5月までは前年分の住民税を支払う必要があります。

納付方法は退職日によって変わってきます。まず1月から4月の間に退職した場合、その年の5月までの住民税は、一括して徴収されます。たとえば1月に退職すると最大5ヵ月分の住民税が徴収されますから、特に年収が高い人はひと月分の給料がほとんど残らないかもしれません。

また5月に退職した場合は、とりあえず、前年分の住民税は払い終わった状態です。6月から12月に退職した場合は、退職月までは給与から源泉徴収され、翌年1月分から5月分は納税通知書により自分で納付します。このとき、希望すれば一括徴収とすることもできます。自分で納付するのは面倒だという人は、あらかじめ希望を会社に伝えておくと良いでしょう。

ですが、いちばんの問題は退職した翌年分の住民税。年金暮らしになって一息ついた夏ごろ、自治体から直接、納税通知書が届くことになります。住民税の払い方は4分割。現役時代のように毎月払うわけではありません。たとえ、アルバイト収入や年金収入だけであったとしても、前年の高い所得に対して、1回10万円以上の住民税の支払いがやって来るわけです。**住民税の存在を忘れていると「エッ?」と、慌てふためいてしまう人が後を絶ちません。**

リフォーム

介護のためのリフォームであれば介護保険で上限20万円の工事費補助が出る

30代の頃にマイホームを購入した人は、定年退職する60代あたりで自宅の大規模なメンテナンスが必要になります。

外壁は10年から20年に一度は塗り替え。屋根は大丈夫ですか。水回りも20年経つと不具合が目立つようになります。一般に住宅の寿命は30年程度といわれますから、このまま住み続ける前提で、間取りの変更など老後の生活に合わせた形にリフォームすることもあるでしょう。

大規模なリフォームは、本格的に手がけるとなると1000万円単位の費用がかかってきます。リフォーム資金を金融機関から新たに借り入れを行うのはできれば避けたいところ。そのためには、現役時代から計画性を持って、修繕や塗装、内装などのリフォームを重ねる方式がおすすめです。

まだ50代や60代のころは体に不調もなく暮らしています。いざ、体の自由が利かなくなったときに本当にリフォームが必要となるのはどこの部分なのか、分からないことが多いものです。高齢化対策のリフォームは介護保険からも支払われるので、自分自身が介護認定されてからリフォームに取りかかっても遅いということはありません。

介護保険制度で受けられる工事費補助金の上限は20万円で、所得にもよりますが、このうち1割が自己負担です。つまり最大20万円の場合、18万円の給付を受けることができます。20万円を超える場合は、2万円+超過分を負担することになります。

また、この制度は20万円に満たない場合は分割で利用が可能で、さらに要介護度が3段階以上（最高で要介護5）上がると、1人1回に限り再度20万円まで給付が受けられることになっています。

老後の快適な生活に備えるためのリフォームですが、無理に資金を投入すれば、かえって生活に支障をきたすことにもなりかねません。くれぐれも余裕のあるリフォーム計画が立てられるように、あらかじめ準備をしておきましょう。

医療・保険①

テレビの「保険CM」に惑わされないために日本の公的医療制度の仕組みと内容をチェック

1章で、契約中の医療保険、生命保険などが本当に必要であるかの見直しをおすすめしました。とはいっても近ごろは子どもを産む年齢が高くなってきています。さらに大学進学率も高くなり、子どもが独立するのは自分が60代になったころというケースも少なくありません。

生命保険は子どもや配偶者の年齢によって、必要度が大きく変わってきます。大きな死亡保障が必要なのは子どもが就職する前が目安となります。一方、若いときに比べてケガや病気のリスクが増す分、医療保険に加入することを検討する方も多いと思います。

保険を検討する前に、まず日本の公的な医療制度について知る必要があります。テレビでは毎日のように保険のＣＭを目にしますが、**「入院費用は1日1万5000円」**

などといった「これだけたくさん医療費がかかりますよ」という情報には不安を感じるもの。その前に、思いのほか手厚い公的医療保険制度の保障を理解しておくことが何よりも大切となります。

老後の心配のひとつは、重い病気にかかり、高額な医療費がかかり続けることではないでしょうか。もし民間の保険に入っていなかったら、そうした状況には対応できないと考えている方は多いかもしれませんが、そうではありません。

日本の公的医療制度では、原則として3割を自己負担すれば、診察や投薬を受けることができます。また自己負担分を超えた部分については、高額療養費制度が適用されます。

治療費や薬代など一定の金額を超えた場合には、その費用を払う必要はありません。ただし、差額ベッド代や入院時の食事療養費などの自己負担額は対象外であり、純粋な療養部分に限られていることに注意をしてください。

高額療養費は年齢や所得で1ヵ月の自己負担限度額が決められます。**一般的な所得の人では、自己負担は1ヵ月約9万円弱で、70歳以上になると約6万円に減ります。**

長寿医療制度（後期高齢者医療制度）に加入する75歳以上になるとさらに減っていき、外来の場合は個人ごとに1万4000円、外来＋入院の場合は世帯ごとに5万7600円が上限となっています。さらに、高額療養費の支給が4ヵ月以上になった場合には、自己負担限度額が低くなります。

これらの詳しい説明は国民健康保険や後期高齢者医療広域連合のホームページなどでも見ることができます。重い病気になっても無制限にお金がかかるということはありませんので、その点は安心していただきたいと思います。

75歳未満の高額療養費は、病院の窓口などで全額の費用を支払った後、払い戻しを受ける形になりますが、一定の書類を提出することで限度額までの支払いにとどめることができます。具体的には事前に加入している健康保険へ「健康保険限度額適用認定申請書」を提出し、「健康保険限度額適用認定証」の交付を受けてください。それを医療機関の窓口に提出すれば、自己負担限度額以上の医療費を支払わなくても済みます。

ただ、療養費の自己負担割合は20～30年前と比べて上昇しており、今後も少子高齢化の流れを受けて、さらに負担割合は上がることが予想されます。**日々の生活を送るうえで健康を維持することが、何より老後の「資産防衛」につながることはいうまでもありません。**

医療・保険②

傷病別で入院日数には大きな差が存在する 長期療養をカバーできる「高額療養費制度」

高額療養費制度があるとはいえ、実際に自分や家族がケガや病気で長期入院することになった場合の不安は尽きないと思います。

仕事を続けている場合には入院した本人の収入が絶たれることはもちろん、対応する家族にも肉体的、経済的な負担がかかってきます。

厚労省が発表した「患者調査」（2014年）によれば、1回の入院における平均在院日数は31・9日で、約1ヵ月という数字が出ています。しかし、これには傷病別で大きな差があり、たとえば「統合失調症、統合失調症型障害及び妄想性障害」の場

施設の種類別にみた退院患者の平均在院日数の年次推移

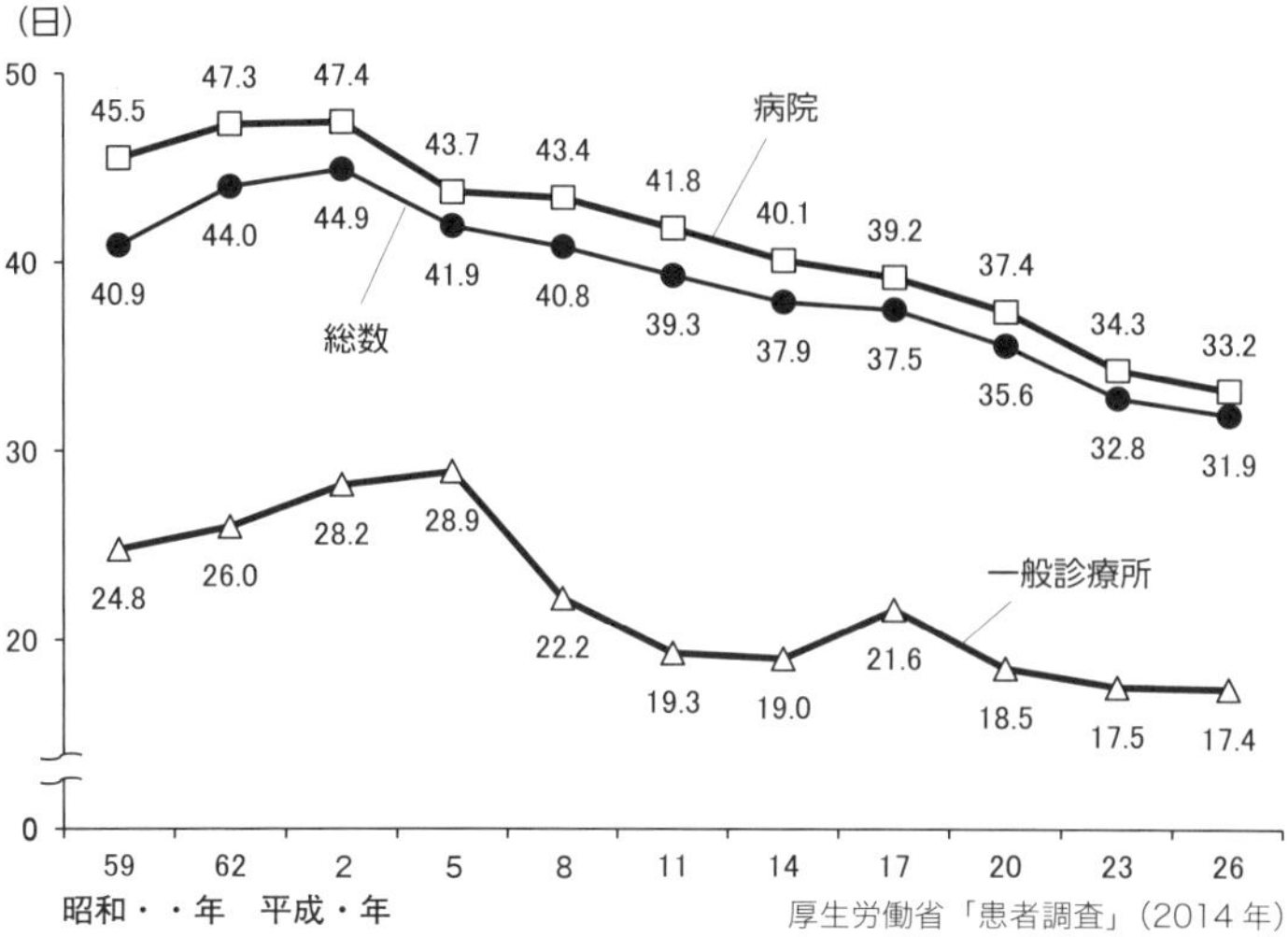

厚生労働省「患者調査」(2014年)

合は平均約546日、75歳以上の場合は1470日と、数年の入院が当たり前になっていることが分かります。

認知症や精神的な病気による入院は長期化することが多く、特に高齢者はその傾向が強くなります。いずれにしても、高額療養費がありますから、過度に医療費の心配をする必要はありません。もし自分に平均的な水準の年金が支給される予定ならば、妻の生活費をカバーすることは可能だと思います。

悪性新生物、いわゆる「がん」で入院する場合の入院日数は平均19・9日。最近は日帰りや通院で治療を行うケースが増えており、長期間にわたる入院生活を送る人は少ないと考えてよいでしょう。通院の方が圧倒的に多いのです。つまり、病気になったとしても入院をしなければ医療保険は何の役にも立ちません。

なかには年金もない、収入もない、貯蓄もないという人もいらっしゃるでしょう。最後に頼るとすれば生活保護になりますが、この場合、医療費は無料です。もっとも、自分で入院先を選ぶことはできません。生活保護は、最後のセーフティネットとして大きな意味がありますが、あくまでも最後の手段。さまざまな制約があり、安易に申請できるものではありません。

医療・保険③

自己負担分の医療費は控除の対象になる 市販薬などの領収書も捨てず確定申告で提出

医療費にはもうひとつ、税金関係の控除を受けられる制度があります。医療費控除は医療費を多く支払った場合に、所得税や住民税が安くなるのも実質的な生活救済制度だといえるでしょう。会社員の方でもこれまでに大きな医療費の出費があった年など、確定申告をして還付を受けたことがあると思います。

たとえば年間、30万円の医療費を自己負担したとしましょう。保険金などを受け取っていない場合には、ここから10万円を引いた金額が医療費控除となります。

30万円－10万円で20万円。医療費控除の対象となるのは20万円です。たとえば所得税率20％、住民税率10％の人ならば、それぞれ4万円と2万円、合わせて6万円の税金が戻ってくることになります。ただし、この金額以上の税金をおさめていなければ戻ってくることはありません。

医療費控除は、本人だけでなく家族の分も含めることができます。また通常の医療費だけではなく、病院で処方された薬、または市販薬も領収書を取っておけば対象となります。ただし、ビタミン剤やサプリメントなど、病気の予防や健康増進のための出費は控除の対象とはなりません。

医療費控除を受けるためには確定申告が必要です。支払いを証明する領収書などを紛失しないように保管し、2月以降、確定申告の申告時に使用します。

なお、領収書は現在、提出しなくともよくなっています。医療費の金額が大きかった方、かつ、医療保険などからの給付金が少なかった方はそれなりの還付を受けることができますので、しっかり手続きをしておきましょう。

医療・保険④

高い保険料に比べ物足りない保障内容 リタイア後は医療保険に加入する必要なし

リタイアを目前にして、いまから新しい保険に入るべきか、そもそも入れるのか、どのような保険に加入したらいいのかとお考えの方も多いと思います。

高齢であっても、体が健康であれば保険には加入することができます。しかし、健康になんらかの問題がある場合には、保険に加入することはできません。もちろん、通常の保険の2倍くらい保険料を支払えば加入できる保険はありますが、はたして保険に加入する意味があるのでしょうか。

はっきり申し上げます。医療保険は必要ありません。何百万円もの保険料を支払い、受け取れるのは数十万円のみ。さらに医療費控除も使えなくなってしまうでしょう。たとえ、精神疾患などで１０００日を超える入院をした場合でも、医療保険の支払いは基本的に60日間です。保険料を支払うくらいなら、その分、貯蓄をすることをお勧めします。なお、商品によっては１０００日ノンストップで保障してくれるものもありますが、ごく一部。保険料もそれなりに高くなります。

ひと昔前まで、シニア向け保険は誰でも入れる「無選択型」保険が流行していました。しかし保障内容にさまざまな制限があり、トラブルになるケースも相次いだこともあって、現在は「引受基準緩和型保険」の取り扱いが増えています。

引受基準緩和型とは、その名のとおり加入条件が緩和された保険です。加入条件のハードルを低くしている分、一般の保険と比べると保険料は約2倍。ただでさえ不利な金融商品である保険。引受基準緩和型はさらに不利と言わざるを得ません。**どうしても保障が欲しいという方は加入することも自由ではありますが、ここは合理的に考えて加入しない方が得策だといえるでしょう。**

引受基準緩和型の保険の加入基準は、保険会社によって違いはあるものの、おおむね「3ヵ月以内に医師から入院や手術を勧められたか」「過去2年以内に所定の病気等で入院したことがあるか」「過去5年以内にがん等所定の病気にかかったことがあるか」という項目に当てはまらなければ、申し込むことができます。ただし契約後1年以内（削減期間）は給付金や保険金が半額になり、1年経過後は100％支払われます。

現在発売されている医療保険には、先進医療特約が設けられていることがほとんどです。先進医療とは、厚生労働大臣が定めた医療技術で、健康保険が適用されないため全額自己負担となります。たとえば「がん」における重粒子線治療を受けた場合には、約300万円の自己負担がかかります。実際に先進医療を受ける可能性はかなり低いものですが、保険料も1ヵ月数百円と安く、安心を買いたいという方は先進医療費特約を検討してみるのもひとつの方法です。

なお、相続対策のために終身保険に加入することで、相続税の非課税枠を活用したり、特定の受取人に保険金を渡すなどの場合は、積極的に加入を検討するとよいでしょう。

4章 【65歳〜69歳】
本格的な「年金生活」スタート
襲いかかる「多額出費」に備えよ

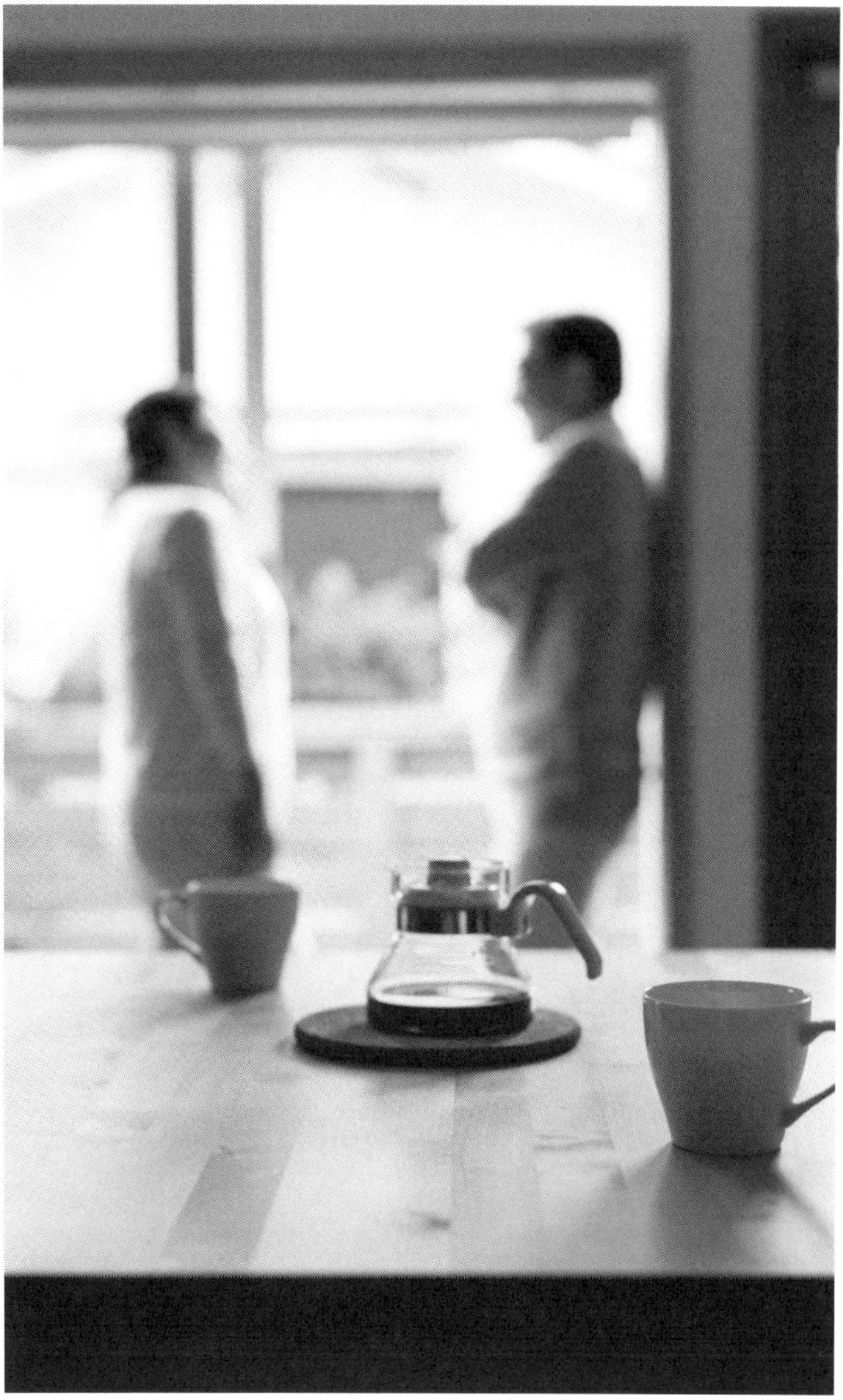

どうなる！　日本の「未来年表」④
（2036年〜2040年）

文・横関寿寛

【2036年】惑星接近など宇宙規模での変動が起きる

「2036年、小惑星が4万5000分の1の確率で地球に衝突する」

NASAジェット推進研究所によってそんな衝撃的な予測がなされたのが2008年のことだ。

小惑星の名前はアポフィス。2004年に発見された小惑星で、直径約310〜340メートル。2029年に地球に衝突する可能性があるとも報道された。もし地球に衝突した場合、被害は半径数千キロに及ぶと推定されている。

NASAは再計算を行い、2029年に地球に衝突する可能性はゼロに修正されたが、今度は2008年にドイツの13歳の天才少年、ニコ・マルクワルトによって450分の1で衝突する可能性が指摘された。ヨーロッパ宇宙機構がこれを受けて計算し、その計算の正しさを認めた。そこでNASAが計算したところ、4万5000分の1という数字が出てきたというわけだ。

2036年〜2040年

【日本 未来の年表】2036年〜2040年
2036年
首都圏でゴーストマンション化が進む。巨大地震が発生（東南海地震60%、南海地震50%の確率）。
2037年
リニア中央新幹線が全線開業（品川〜新大阪間）。年金の積立金が枯渇する可能性。
2038年
世界中のパソコンで誤作動が起こる可能性（2038年問題）。
2039年
国内死亡者数が167万人でピークに。病院ベッド、火葬場が不足。世界の国内総生産（GDP）が中国、インド、アメリカの順に。
2040年
全国の自治体の半数が消滅の危機に。団塊ジュニア世代が65歳以上になり、低年金・無年金高齢者が増加。働き手の半数以上が50歳以上に。

だが、後にこの可能性はどんどん低くなり、衝突はないとされている。しかし、２０４２年から２１０５年の間にアポフィスが地球に17回接近する。現時点で衝突の危険がないとしても、衛星との衝突で軌道が変わる可能性がないわけではない。

またこの年には地磁気の逆転が起こる。地球は北極がS極（N極を引きつける）で、南極がN極（その逆）の磁石のような性質を持つが、これが逆転するのだ。

地球は磁気による地場のバリアによって守られている。太陽が発するプラズマ線やX線、ガンマ線がそのまま降り注ぐことを防いでくれているのだ。だが、地磁気が逆転する際、この磁気バリアが弱まる。これが２０３６年頃に起こるのではないかと指摘されているのだ。

【2037年①】首都圏で「ゴーストマンション化」が進む

国土交通省によると、2017年末のマンションストック総数は644万1000戸で、居住人口は1533万人と推計されている。国民の1割がマンションに住んでいる計算だ。これだけマンション生活が広がり、住んでいる人が多いと、今度は心配になるのがマンションの老朽化問題だ。

やはり国交省が示す数字によれば、現在、築40年以上のマンションは72万9000戸あり、いまのところ全体に占める割合は1割ほどだが、10年後の2027年には2・5倍の814万9000戸、20年後の37年には約5倍の351万9000戸になると見込まれているからだ。時代が下るごとに老朽化は加速するだろうとみられている。

問題は単なる老朽化だけではない。専門家が指摘するところによれば、ストックのなかには建設当時は適法だったが、その後に進んだ法改正で違法となって、それまでの容積率では建て替えることができなくなった「既存不適格物件」が多数存在しているという。国交省が調べたところによれば、東京都内では1970年より前に建てられたものが67%存在するとされる。そしてこれらは建て替え困難と見られる。

では建て替え困難な場合、どうすればいいのか。たとえばマンションの区分所有を解消して敷地を売却するという方法もあるが、その場合、住人の全員一致による承認が必要で、よほど良い条件でなければ成り立たないだろう。特に高齢者の住人が多い場合、その困難さは容易に想像できる。また仮に修繕するとしても、長期修繕費が十分に積み立てられているかどうか。特に、2000年以降に大量供給された高層マンションの場合、修繕が難しいので工事が長期化、費用も想定を超えてかかる可能性が高い。

これからの超高齢化社会を考えた場合、単身老人が死亡して空室が増加する可能性は高い。つまり、老朽化して建て替えられるか解体されるべきマンションが手つかずのまま、住む人もいないまま放置されるかもしれないのだ。

専門家によれば、マンションを最終的にどう処理するかという問題は、マンションという居住形態が生み出された当初から潜在する「時限爆弾」のようなものだという。

【2037年②】リニア新幹線が全線開通（東京～大阪間）

この年、2027年に品川～名古屋間で開通しているはずのリニア中央新幹線が全線開通し、予定通りにことが進めば、東京〜大阪間が最速67分で結ばれることになる。

ただその前に、2027年の品川〜名古屋間の開業が予定通り進むものか、疑問視する声があるのも事実だ。

工事の契約や進捗状況については、JR東海側が全てを公表するわけではないので、その全貌はつかみにくい。同社の金子慎社長は工期について、「思ったより先送りになっており、後工期が窮屈になっている」と述べている。つまり、2027年まで確実に間に合うかどうかについては、100%間に合うと言いきれないというのが現状なのではないだろうか。

総工費5兆5000億円もの巨大事業だけに、工期の遅れは同社にとって相当な負担を強いることになるかもしれない。

特に問題なのは南アルプスの山越えだ。連峰が連なる静岡県の区間では、その直下をトンネルで結ぶのだが、大井川の水量問題の解決に見通しが立っていない。地元との合意形成にも至っておらず、準備工事には着手したものの、本体への着工は未定だ。

2027年の開業と延伸に関して、関係自治体もやきもきしている。たとえば、2018年1月、JR東海が全線開業後予想図を出したが、静岡県内では反発が起こっている。JR東海は静岡県に対し、開業後は静岡県を通過する東海道新幹線の「のぞみ」よりも停車する「ひかり」、「こだま」

の本数が上回ることをアピールするが、川勝平太静岡県知事は「静岡県にとってはトンネルを掘ることがもたらすデメリットしかない」と切り捨てている。

一方の大阪では、府と市、関西経済連合会が協議会を設け、中央政府に開業の前倒しを働きかけ、そのための金融支援を求めている。２０２７年のリニア開業（品川〜名古屋）から10年後の開業は確かに関西経済界にとっては大きな問題だ。37年の開業を前に、人・モノ・金の流れが東京〜名古屋間にシフトしてしまい、名古屋までストップしてしまうかもしれないからだ。

【２０３７年③】年金の積立金が枯渇する

「厚生年金の積立金が２０３３年に、国民年金の積立金は２０３７年に枯渇する」

社会保障論が専門の鈴木亘・学習院大学教授が「現実的な条件」で試算したところ、このような結果が引き出されたという。

算定は、厚生労働省が２００４年の年金改革で打ち出した「１００年安心プラン」の現実性を点検する形で行われた。年金保険料を支払う現役世代が減少する少子高齢化を考慮しても１００年間は年金制度が維持できるとした根拠は、運用利回りを４・１％という高利率に設定しているからで、それが100年近い期間、複利で回るという試算には無理があると考えたからだ。

そこで、運用利回り、賃金上昇率、物価上昇率を見直し、新しい人口推計を用いながら、物価変動に合わせて年金額を改定する「マクロ経済スライド」を2012年から2048年まで適用する、という「現実的な条件」で計算し直したところ、冒頭の数字が引き出されたのだという。

鈴木教授は「仮にこの先好景気となって賃金上昇率が2・0％に引き上げられたとしても、厚生年金は2037年、国民年金は2043年に枯渇します。状況はかなり深刻です」と、マスコミのインタビューに答えている。

言うまでもないことだが、ピラミッド型の人口構成が逆ピラミッド、それも極端な逆ピラミッドに移行していく今後は、少数の現役世代が多数の引退後世代を支えないといけない状態になる。年金や社会保障には税金が投入されるので、団塊の世代がすべて75歳以上になる2024年より急速に悪化し、2030年代に相次いで年金資金が枯渇するという見通しだ。

そこで現実性をもつのが、年金受給開始年齢の引き上げだ。受給開始は伸ばせば伸ばすほど、死亡によって支給する必要がなくなる「消える年金」額が膨らみ積立金として残るので、政府・厚労省にとってこれほど好都合な話はない。

【2039年】国内死亡者数が167万人でピークに

国立社会保障・人口問題研究所の推計によると、日本人の年間死亡者数は2030年に160万人を超え、2039年と2040年の2年がともに167万9000人でピークを迎えるとされている。その後、漸減しながら160万人レベルを維持し、2050年から150万人レベルになり、2065年まで150万人の半ばから後半レベルで横ばいのまま推移する。

超高齢化社会であれば当然、その次に来るのが「多死社会」だ。厚生労働省の「人口動態統計月報年計」によれば、2016年の年間死亡者数が130万7765人で戦後最大を記録した。先の推計では、2020年には140万人を突破し、その後、おおよそ5年で10万人を上乗せしながら、2039、2040年のピークに至るとされている。

人が死亡したらまず必要になるのが斎場と火葬場、それから霊園だ。当たり前のことだが、そうそう簡単に増やして用意しておこうなどというわけにはいかない施設だ。

とりわけ不足が顕著に表れるはずなのが、特に東京を中心とした首都圏だ。もともと人口が集中していて、かつ、高齢化が急速に進むと見られているので深刻な関連施設不足事態に陥る可能性が高い。すでに場所や時期によっては〝順番待ち〟というケースも少なくはない。東京、埼玉、千葉の東京圏では、2040年に75歳以上の高齢者が602万人いるとされている。

また、単身の高齢者の増加が見込まれると今度は、無縁仏をどう取り扱うかという問題も生じる。長く低所得が続いた高齢者にとっては様々な費用負担を賄えない人もいるだろう。「墓地埋葬法」では、死亡した場所の市区町村長が火葬し、遺骨も自治体が引き取ることになっているが、すでに納骨堂が満杯になっているところもある。

【2040年】団塊ジュニア世代が65歳以上に

2018年5月の経済財政諮問会議で、2040年の社会保障費が約190兆円になるという推計が示された。この年が示されたのには理由がある。2040年には、団塊ジュニアが65歳以上年齢に達し、生産年齢人口が大幅な減少に向かうからだ。日本人の人口と生産労働人口の推計を考える上で2つのメルクマールとなる時期がある。1つは団塊の世代が75歳以上に達する2025年で(正確には2024年)、もう1つがこの2040年だ。

日本では2012年に社会保障税一体改革が行われた。これは来るべき2025年を見越して社会保障制度の持続可能性を高めるためのものだったが、２０４０年の問題はそこまで議論が行われていなかった。そういう意味では、経済財政諮問会議でこのテーマが提出されたということは、政府もやっと本腰を入れ始めたのかもしれない。ただし、専門家の間では社会保障費約１９０兆円は少ない見積もりとの見方が多い。

また、２０２５年の問題と２０４０年の問題を考える上では、団塊の世代と団塊ジュニアが生きてきた時代背景が大きく異なるので、この点は注目しなければならない。つまり、団塊の世代は経済成長を経験した世代であり、団塊ジュニアはバブル崩壊後のデフレ経済下を生きた世代であるということだ。

ＯＥＣＤが約38カ国を対象に行っている家計貯蓄率の調査結果を見ると、日本の貯蓄率（貯蓄額を可処分所得で割った比率）は１９９０年が13・９％だったものが、２０００年には８・６％で10％を割り、２００５年には３・０％となっている。日本では「失われた10年」の後半にあたる１９９８年から、可処分所得自体が対前年比マイナスを続けているので、これが貯蓄率にも影響したと考えられる。

5章【70歳～74歳】

医療と介護がいっそう身近に！本当の「老後」はここから始まる

年金

夫の死去後に妻が受け取る「遺族厚生年金」金額は思ったほど大きくないので注意！

70歳になると、現行制度では最大の繰下げを選択した人を含めて全員が年金の支給を受けることになります。ただし、ここまで説明してきたように年金の繰下げはこの先75歳程度まで引き下げられて行く予定です。さらに、65歳である支給開始年齢も今後は後ろ倒しになっていく可能性が高く、現在40歳以下の方々は、「年金がもらえるのは原則70歳」となる可能性も十分あることを頭に入れておかなければなりません。

年金の繰下げ受給を行う方は、65歳では請求を行わず、66歳以降、ご自身が希望する時期に合わせて年金の請求を行ってください。この手続きが終われば、あとは一生涯にわたって受給することができますからとりあえずは安心です。

妻にとって心配なのは、夫が亡くなった場合、自分がその後遺族年金をいくら受け取れるのかということでしょう。会社員や公務員だった夫が亡くなると、妻は自分の

70〜74歳「未来年表」

年金	年金を5年間繰下げ受給すれば70歳から増額された年金の受け取りがスタート。65歳から国民年金を受給した場合と比べて81歳で総額が並び、その後は差が開いていく。なるべく長生きに備えたいという考えであれば繰下げは有効。サラリーマンの夫が妻より先に亡くなった場合、妻は遺族厚生年金を受け取ることができるが、**2人で年金を受け取っていたときと比べ年金収入は大きくダウンすることが多い。**妻が年下で夫が平均より早く亡くなった場合、妻の老後は20年以上続くことも。
保険	日本人の２人に１人以上の割合でがんにかかることが分かっている。**「がん保険」に加入する場合には、自覚症状を感じてからでは遅い。早目の決断が大切。**通常の医療保険とがん保険の内容を見比べて優先順位を考え加入を検討する。あくまで保険には入りすぎない。
相続	将来的に子どもや孫に贈与を考えている場合には、**教育資金贈与や住宅取得等資金贈与など、非課税枠が設定されている制度をチェック。**段階的に次世代へ資金移動させることで相続税を回避。
ローン	**信用金庫などが手がけている高齢者向けローン（「シニアライフローン」）に手を出すのは禁物。**年金そのものを担保にしたフリーローンだが、実態は年金の前借りのようなもの。自宅はあるが生活資金に余裕がないという人向けの「リバースモーゲージ」は、家を担保にお金を借りるシステム。ただこの場合、契約者の夫が死去したとき、残された妻が家を追い出されることがあるので、事前に契約の内容を十分確認したほうが良い。
不動産	人口減少社会において、**日本の不動産価格は全体的に見れば下落する可能性が高い。**持ち家（土地）の売却ができない、高く売れないという事態は十分想定される。自宅を資産だと考えてはならない。
情報収集	大きな法改正や制度改革は老後の生活資金に直結する可能性がある。**常に自分から情報を先取りし、日本を取り巻く状況について敏感であり続けることが、結果的には「資産防衛」につながる。**

老齢基礎年金と遺族厚生年金を受け取ることになります。

たとえば75歳の夫と70歳の妻が年金生活をしていたとします。子どもはいますが、すでに成人して独立。夫は厚生年金に加入していたため、老齢厚生年金12万円と老齢基礎年金6万5０００円の、合わせて18万5０００円。妻は国民年金のみ加入していたので毎月6万5０００円、2人で25万円です。

ここで夫が亡くなったとします。その後、妻が受けることのできる年金を計算してみましょう。

まず妻がこれまで受給していた6万5０００円はそのまま変わりません。では夫の分はなくなってしまうのかというと、さすがにそのようなことはなく、「遺族厚生年金」を受給することができます。

遺族厚生年金とは、夫が受給していた老齢厚生年金の75％の金額を妻（あるいは配偶者）が受け取ることができるというものです。

このように申しあげるとよく、

「夫の年金は18万5０００円だったので、約14万円弱が入る。自分の年金と合わせて

「遺族厚生年金」はいくらもらえるか

夫婦で年金受給	夫が死去し、妻が遺族厚生年金を受給
夫（75歳）の年金	死去した夫の年金
老齢基礎年金　6万5000円	遺族基礎年金　0円
老齢厚生年金　12万円	遺族厚生年金 12万円×75％＝9万円
妻（70歳）の年金	妻の年金
老齢基礎年金　6万5000円	老齢基礎年金6万5000円
合計25万円！	合計15万5000円！

20万円はキープできるわ」

と考える方が多いのですが、これはよく間違われるところです。**夫の年金には、国民年金部分の「老齢基礎年金」と厚生年金部分の「老齢厚生年金」があり、75％を受け取ることができるのはあくまで「老齢厚生年金」だけです。**

夫の年金18万5000円のうち、老齢基礎年金は妻と同じ6万5000円。つまり老齢厚生年金は残りの12万円ですから、この75％で9万円が遺族厚生年金となります。

夫が生きている間は2人で25万円あった年金が、1人になると6万5000円＋9万円で15万5000円と10万円ほどダウンしてしまいます。2人から1人の生活に変わっても、生活費は2分の1にならないことが多いので、夫婦で「もし1人になったら年金はいくらになるか」をあらかじめよく確認しておいたほうがよいでしょう。

ここでは妻が厚生年金に加入していなかったケースで説明しましたが、共働き夫婦の場合、妻の老齢厚生年金分の遺族厚生年金は減額されてしまいます。たとえば、先ほどの夫婦で妻の老齢厚生年金が4万円だとしましょう。このとき妻は自分の老齢厚生年金4万円、遺族厚生年金5万円（9万円―4万円）に加え、老齢基礎年金6万5000円。合計額は15万5000円と変わらないことに注意をしてください。**もし、妻の方が夫より老齢厚生年金が多かった場合、夫が先に亡くなっても妻に遺族厚生年金は支払われません。**

この遺族厚生年金は、亡くなった夫（妻）の老齢厚生年金の75％の金額が、残された妻（夫）の老齢厚生年金より多かった場合、その差額が残されたほうに支払われるものです。妻の年金が夫と同じ場合は、遺族厚生年金は受け取れないことになるので注意が必要です。

先ほどの例では妻が受け取る年金額は同じ金額ではありますが、遺族厚生年金は全額非課税、一方、老齢厚生年金は所得税と住民税の対象になります。なお、夫が老齢厚生年金を繰下げ、増額されている場合であっても、繰下げなかった場合の金額の75％であることに注意をしてください。

保険

健康保険の適用外である高度ながん治療も一部の「がん保険」でカバーできる

日本人の「健康寿命」は、男性で72・14歳、女性で74・79歳となっています（厚生労働省調べ、２０１６年）。

しかし、逆に言えば男女ともに70代前半になると、何らかの介護が必要になったり、健康に不安が生じたりする可能性が高いわけです。健康不安といってもさまざまな要因がありますが、その代表的なものに「がん」が挙げられます。

日本人の死因でもっとも多いのが「がん」であることはよく知られています。男性は３人に１人、女性は４人に１人ががんで亡くなっており、２人に１人以上が生涯で何らかのがんにかかる時代。がんに対してどう備えるかは、ある意味で国民的な課題となっているといえるでしょう。

そんな心配をフォローしてくれるのが「がん保険」です。通常の医療保険でも、がんで入院した場合の保障はありますが、がん保険はより特化されている分、手厚い保障を受けることができます。

たとえば医療保険では、入院限度日数が定められていることがほとんどで、多くは60日に設定されています。1日5000円の入院給付金の場合、30万円が上限ということになります。

しかしがん保険の場合、一部の例外を除いて入院日数に上限がありません。また、がんと診断された時点で100万円単位（設定次第で変動）の診断給付金が支払われます。とはいってもがんでの入院日数は長くて数週間、内視鏡手術など数日で退院することがほとんどです。がんになっても健康保険の対象となる治療を受けている限り、医療費の心配をすることはありません。

がん保険と普通の医療保険。加入するかどうかは個人の自由ですが、**もし、保険金**

を受け取ることで「元を取ろう」と思った場合には保険の加入をお勧めしません。当たり前ですが、保険料の方が高くなることがほとんどだからです。

がんの治療には、手術（外科治療）、薬物療法（抗がん剤治療）、放射線治療の3種類があります。以前は手術を中心として行っていましたが、近年、薬物療法や放射線療法が進歩したことで、がんの種類やステージによっては手術を行わないことも多くなってきました。

プレシジョン・メディシン（精密医療、またはがんゲノム医療）という言葉を聞いたことがありますか。これは患者のがん細胞の遺伝子を解析し、個人ごとに最適な薬を選び出す最新の治療方法です。遺伝子を解析するための費用は40万円から100万円程度、健康保険は使えません。

がん細胞は、もともと正常な細胞に遺伝子の異変が起きることで発生します。どの遺伝子が、がんの原因となっているかは患者によって異なり、がん患者自身の変異のタイプを見極めて、それに適した分子標的薬を使う方法がプレシジョン・メディシンです。

プレシジョン・メディシンのイメージ

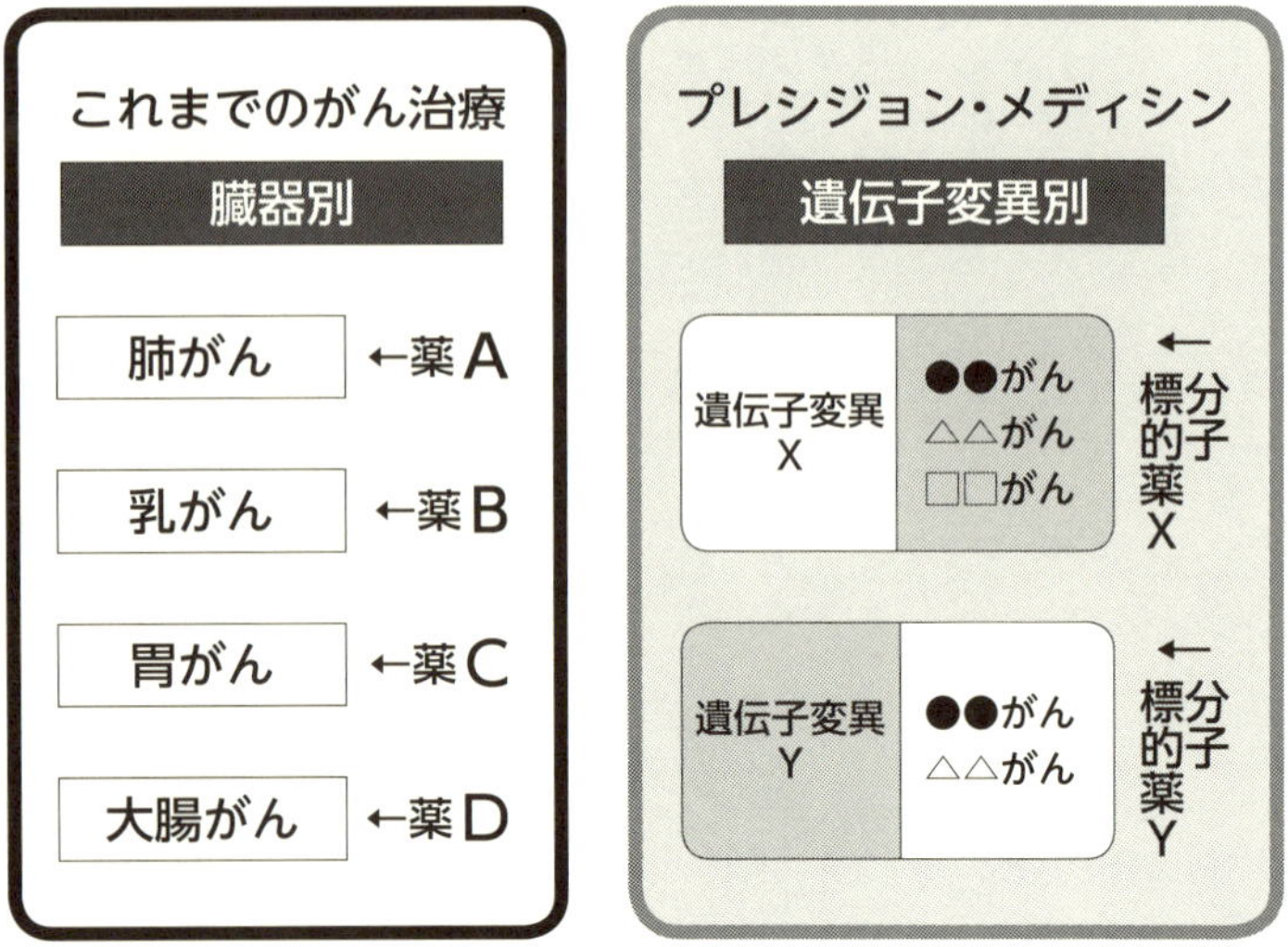

検査の結果、効果が期待できる治療薬が見つからない場合もありますが、見つかった場合でも、公的医療保険の対象外であることも多いものです。なぜなら、公的医療保険では臓器別に使用できる治療薬が決められており、もし、見つかった治療薬が公的医療保険を使えない場合は、すべての診療が自由診療となってしまいます。

このように貯蓄で対処できないような大きな治療費にこそ、がん保険に加入して備えたいものです。しかし、自由診療となった場合は、通常のがん保険では対処できないかもしれません。がん保険のなかには、自由診療に対する費用を全額支払ってくれる商品も存在します。もし、がん保険に加入したいのならそんな保険を選んでください。

もっとも、この検査を行った場合でも治療薬の選定に有用な情報が何も得られない可能性もありますし、検査結果に基づいた治療を行っても、十分な治療効果が得られないこともありますのでその点はご了承ください。

がん保険はさまざまな種類があるので、よく内容を理解してから加入することが必要です。**また、何らかの「自覚症状」を感じてあわてて申し込んでも、通常は90日間の不担保期間があるため、この契約は無効になってしまいます。**

なお、診断給付金は1回と決められている場合もありますし、再発時にはまた支払ってくれるという保険会社もあります。悪性新生物と上皮内新生物（上皮内にとどまっており、転移の可能性がないもの）では、給付内容が異なる場合が多いので注意しましょう。

贈与

大きな財産を持っている場合には教育資金贈与や住宅取得等資金贈与が有効

70歳になると、子どもがマイホームを購入したり、孫が生まれたりという方が多くなってきます。何億円もの大きな財産を持っていて、将来的に子や孫への贈与を考えている方は、教育資金贈与制度や、住宅取得等資金贈与の非課税枠を利用するとよいでしょう。通常、贈与税は年間110万円を超える贈与があったときに課税されるものですが、直系尊属からの贈与の一部を非課税とする制度が存在します。

教育資金贈与制度は、**子や孫（30歳未満）に教育資金を一括で贈与した場合、最大で1500万円が非課税になるというものです**。授業料、入学金など学校等に支払う場合には最大1500万円。ただし、塾や習い事など学校等以外に支払う教育費に関しては、最大500万円までに制約が設けられています。

また、**住宅取得等資金贈与は、親が子や孫のために住宅や土地を取得するための資**

金（リフォームも含む）を贈与したとき、最大で１２００万円が非課税になります。これについては住宅取得の時期や省エネ住宅かどうかによって細かく上限額が決められていますが、消費税率が10％に上昇した場合、さらに非課税枠が大きくなる予定です。相続税がかかるような方であれば、制度の中身は知っておいて損はありません。

少子高齢化社会が進むと、将来的に相続する子が少なくなるため、１人が相続する金額が高くなることも予想されます。非課税枠を利用しながら、段階的に資産を贈与していくのが安全かつ賢い方法となります。

しかし、通常の方は子どもに贈与することを考えてはいけません。人生１００年時代。将来のためにとっておいた方がよさそうです。子どもが何千万円という相続税の基礎控除額を超えて相続した結果、相続税がかかるわけです。非課税枠を超えるほど、多くの金額を相続するわけですから、相続税は子どもに払ってもらえばよいのではないでしょうか。

相続

子どもがいない夫婦で夫が死去した場合 残された妻と「夫の兄弟姉妹」が対立することも

70代前半で、まだ体も頭もしっかりしているうちに済ませておきたいのが、資産と相続の再確認です。

預金や金融資産がどこにどれだけあるのかをいまいちど整理し、口座番号や暗証番号などが分かるようにしておきます。自分自身が認知症になったり、脳梗塞など突然意思の疎通が不可能になるような病気を発症したりすると、子どもや配偶者は、夫の預金を引き出すことができなくなります。どうしても引き出さなければ生活が成り立たない場合には成年後見人をつける必要があります。しかし、月々後見人に最大6万円も払わなければならないケースもあるのです。必要なお金を本人の口座から下ろせるように工夫をしておきましょう。

エンディングノートなどを利用して、もし自分が介護状態になったら資金は誰が管

子どもや父母がいない夫が死去した場合の相続財産分割割合

●妻……………………………… 4分の3
●夫の兄弟姉妹……………………… 4分の1
(夫の財産が8000万円、夫に弟と妹がいる場合)
●妻→6000万円
●夫の弟→1000万円　夫の妹→1000万円
ただし、夫が遺言書で「妻に全財産を残す」と指定していた場合は、夫の兄弟姉妹に遺留分はなく遺産を請求することはできない。

理するのか。また終末医療を受けるようになった場合、延命治療を希望するかしないか。自分に万一のことがあったとき、誰に連絡してどのような段取りをすれば良いか。さらに葬儀や墓のことまで、明確にしておけば安心です。延命治療を望まない場合は、日本尊厳死協会に入会する方法もあります。

また、遺言書を作成することで自分の考えを法的に有効な状態にしておいたほうが良いでしょう。

子どもがいない夫婦の場合は、遺言書の作成は必須です。特にしっかりと方針を決めておくことがなによりも大切です。夫が死亡した場合、民法で定められた相続人は妻と夫の兄弟姉妹（夫の両親がすでに亡くなっている場合）ですが、疎遠な関係にあると財産をめぐって思わぬトラブルが起きることが本当に多いのです。

法律で決まっていることとはいえ、そもそも夫婦の財産を死亡した配偶者の兄弟が請求すること自体、現実にそぐわない気がします。本当に苦労した人をいままで大勢見てきました。「せめて遺言書があれば、こんなトラブルが起きなかったのに」と悔やまれることばかりです。死亡した夫に金銭のように分割できる財産がなく、自宅だけだったとしても、夫の兄弟は情け容赦なく妻に対して、4分の1の財産を請求できるのです。しかし、兄弟姉妹には遺留分（最低限の遺産取得分）がありません。「全財産を妻に」という遺言書は有効です。子どもがいない方は、どんなに若くとも先延ばしをしてはいけません。すぐに夫婦で話し合って遺言書を作っておきましょう。

高齢者向けの「シニアライフローン」や「リバースモーゲージ」には安易に手を出さない

ローン

近年、「シニアライフローン」といった名称で、信用金庫などが手がける高齢者向けのローンがあります。これは年金担保融資とも呼ばれるもので、60歳以上の年金受給者に、年金を担保に１００万円程度までの融資を行うものです。貸し手である信用金庫に年金の受取口座を開設することなどが条件で、返済は年金の支給日と同日、自動的に年金から差し引かれる仕組みです。

ただ、こうしたローンには手を出さないほうが賢明です。「75歳まで融資可能」などとうたってはいますが、よく考えれば分かるとおり、これは年金の前借りのようなシステム。貯蓄がなく年金だけでは苦しいという高齢者を狙ったフリーローンです。金利は５％としている金融機関もあり、１００万円を10年間で返済する場合の利息は30万円にも達します。

年金は必ず振り込まれるため、確実に回収できることから金融機関にとってとりっぱぐれの無い安全な融資だといえるでしょう。一方、私たちにとって、これは立派な借金。年金生活をしながら新たな借金は、どう考えても無駄な金利を支払うことになります。借金を返せなくて、利息が膨らんでしまうかもしれませんよ。高齢になってから借金をすることはリスクが高すぎます。

もうひとつ、高齢者向けのローンとして「リバースモーゲージ」と呼ばれるものがあります。

こちらは自宅に住み続けながらも、自宅を担保にして老後資金を借りるというものです。自分が亡くなったあとに家を売って返すという仕組みなので、マイホームはあるが、生活に余裕がないという場合や、相続させるべき子どもや兄弟がまったくいない場合には、検討の余地があるかもしれません。相続人がいる場合には、相続人の同意が必要になります。

しかし、このリバースモーゲージにも大きなデメリットがあり、基本的にはお勧めしません。**なぜなら、まず自宅を担保にしても借りることができるのは、評価額の50%から70%程度と低い設定に抑えられていること。**また、評価額は下落する可能性があります。これからは人口がさらに減るのですから、住む人が少なくなる分、不動産の価格は下がっていくでしょう。さらに、利息の返済がありますから、思ったほど借りることができない、そして予想を超えて長生きした場合には、途中で融資を受けられなくなってしまうことも十分あり得ます。

また、リバースモーゲージの契約者は夫になることがほとんどですが、**夫が先に死亡した場合、配偶者が家を出て行かなければならないケースがあります。**最近は「家を出て行かなくてもいい」という商品もかなり出てきましたが、それでも「契約者の死亡から1年以内に物件を売却しなければならない」といった期限がつけられていることがあります。

金融機関は物件を売却（あるいは全額返済）して初めて利益となりますから、いつまでも待ってくれないのは当然です。しかし、夫が75歳で死亡したとき妻が70歳だったとすると、妻にはまだそこから15年、20年というたったひとりの人長い生が残っています。こうした事態にならないよう、あらかじめ配偶者が路頭に迷わない設定にしておく、さらに言えばリバースモーゲージを利用してはいけません。当たり前ですが、金融機関はリバースモーゲージというしくみを通じて、経費を回収し、利益を出すわけです。とすれば、自分たちが損をする仕組みだとすぐに理解できるはずです。リバースモーゲージを利用するのは最後の手段だと心得ておきましょう。

勉強

最高の「資産防衛術」は勉強によって得られる人任せではなく自分で情報を取る習慣を

人間は歳をとるごとにどうしても情報への対応力が落ちて、世のなかの最新の動向や変化についていきにくくなります。

しかしながら、資産防衛を突き詰めていくと「勉強」の成果が分かれ道になります。どういう未来が待ち受けているのか、どういう方法があるのか、どういうお得な制度があるのか……それらをどれだけ知っているかによって、自分の資産を防衛できるかどうかが決まってくるのです。

さまざまな制度や経済を取り巻く環境は日々変化しています。そうした情報に敏感であり続け、絶えず意欲的に勉強していくことは、豊かな老後を送るうえで大きな武器になると私は考えています。自分を物覚えが悪いと決め付けず、常に情報を取りに行く姿勢が重要になります。

日本には、老後の生活を支えるさまざまな制度があるのですが、重要なのにあまり知られていないような制度も多く、しかも知らないからといって誰かが親切に教えてくれるということもありません。**スポーツと同じで、自分でトレーニングし、努力しなければ老後を生き抜く知恵は身につきません。**

正確で有用な情報を取り込むことにアンテナを張りつつ、ライフプランを立てることができれば、将来、困難にぶち当たったとしても何らかの解決策を見出だすことができるでしょう。また、金融商品や投資、運用のセールスを受けたときでも、自分自身に知識があれば、冷静に正しい判断を下すことができます。お金はあるのに知識はないという方は、自分がだまされていることに気がつかないまま、大きな損をしていることが多々あるのです。

本書を手にとっていただいたような読者の方々は、情報に対して敏感なアンテナをお持ちのはずだと思いますが、時代は刻一刻と移り変わっていきますので、常に「勉強する心」を持ち続けていきましょう。ぜひファイナンシャルプランナーの勉強をしてみてください。きっと役に立つはずです。

年金手
22
15
16

6章【75歳〜79歳】

後期高齢者となっても社会で必要とされる人間であり続ける！

介護

「畳の上で死ぬ」のは難しい時代 実質的な「終の棲家」となった老人ホーム

75歳になると、日本では「後期高齢者」と区分され、いよいよ老後の後半に差しかかったことを意識させられます。

医療費の自己負担は原則1割となり、世の中のさまざまなシルバー割引もほぼすべて適用されますが、運転免許を更新する際は認知症の検査が義務付けられるなど、「高齢者扱い」を感じさせられる場面が増えてきます。もっとも、女性の場合は75歳でも平均であと16年近くもの余命があります。まだまだ人生を楽しみたいという元気な方が非常に多く「後期高齢者」というイメージはありません。

男性の場合は、この時期から介護を受け始める方が多くなります。いきなり介護が必要になる人よりも、普通の生活のなかで徐々に肉体的な不安を感じるようになってくるのが普通ですが、たとえば介護が必要になった夫が有料老人ホームに入居すると

75〜80歳「未来年表」

介護	**日本人の３人に２人が病院か老人ホームで死亡する時代。**「終の棲家」を考えるとき「最後だから」といって無理に高額な有料老人ホームに入ると、予想を超えて長生きして後が続かないケースも。夫婦のどちらかが要介護者となった場合、自宅での介護を選択して「共倒れ」になることは避けたい。
がん	末期がんにかかったとき、**保険の適用されない免疫療法（自由診療）に手を出し、数千万円の資産を使い果たすケースも。**もし自分ががんや余命を宣告されたときにどのような治療方針を取るべきか、あらかじめ家族と話し合っておくことが望ましい。
後見人	１人暮らしの高齢者は今後も増え続け、困ったときの相談相手がいないという問題がより顕在化する。認知症など判断力の低下が始まった場合、成年後見人制度によって法曹関係者が後見人になる（家庭裁判所が指名）ことが多いが、その場合は家族、**親族であっても財産にタッチできなくなる。**「自分だけは大丈夫」と思い込まず、判断力が衰えていないうちに親族を後見人に指名する方法もある。
葬儀	自分の葬儀をどのように行うか、費用はどこから出すのかを生きている間に本人が決めておけばつつがなく進む。**火葬のみの直葬であれば20万円ほどの費用で、後期高齢者医療制度から葬祭費を受け取ることができる。**葬儀費用だけではなく、戒名や墓地など、高額な費用がかかるものについては事前に家族に希望を伝えておくこと。
仕事	70代でも現役時代のスキルや専門知識をいかして仕事を続ける人は多い。何らかの形で収入を得て、社会との接点を持ち続けることは生活防衛上の観点からしても望ましい。夫婦が円満で互いに健康に暮らすことも重要なファクターで、**いまから「妻のケア」も忘れずに。**

なるとどのぐらいのお金がかかるのでしょうか。

金額に関しては地域差が大きく、あくまで参考ではありますが、東京の場合は入居金に500万円程度（最近は不要のところも多い）、有料老人ホームに入居して同時に介護サービスを受ける場合、最低でも30万円程度はかかるとの調査があります。実際に施設で生活するため、家賃に相当するお金がかかりますから、東京など都市部と地方ではそれだけ相場が違ってくるわけです。

現在、80代の年金は現役世代と比べてかなり恵まれているのですが、20年後、30年後はどうなっているか不透明です。67歳以下の公的年金の平均額はひと月に15万6000円程度。とてもではありませんが、**年金だけで有料老人ホームの費用をカバーするのはまず難しいと考えておくべきでしょう。**

自宅で介護をするとなれば、有料老人ホームに入るよりはお金はかかりません。しかし、介護のストレスや肉体的な負担によっては、配偶者もろとも「共倒れ」になってしまうリスクも十分ありえます。介護が必要になった場合、どこでどのような介護を受けたいのか、資金はどうするのかなど、十分に検討しておく必要があります。

日本では昭和30年代前半、約8割の人が自宅で生涯を終えていましたが、現在は老衰の死亡者に限って見ると、男性の26・7％（病院で死亡が43・1％）、女性では36・5％（同じく34・6％）が老人ホームで亡くなっており（厚生労働省調べ、2017年）、いまや老人ホームは日本人の「終の棲家」として、なくてはならない施設になっているのです。**なお女性が老衰で亡くなる場所として、「老人ホーム」は「病院」を抜き1位となっています。**「人生の最後は老人ホーム」という傾向は、今後もさらに強まっていくかもしれません。

医療

保険適用外の自由診療に大金を投入そうなる前に考えておきたい治療の方針

日本には高額療養費制度があり、自己負担額が無制限に増えることはないということはすでに説明いたしました。しかし、これはあくまで保険診療における話で、保険の適用されない自由診療、たとえばがんにおける免疫療法などは、基本的に全額自己負担となってしまいます。

ここで難しいのは、難病にかかってしまったときの考え方です。たとえ数千万円という十分な貯蓄があったとしても、人間はあの世へお金を持っていくわけにはいきません。治療の難しい種類のがんにかかってしまった患者さんが、効果があるかどうかは別にしても、藁をもつかむ思いで何百万円もする高額な療法に費用をつぎ込んでしまうのはよく聞く話です。

基本的に本人の自由ですから、親や配偶者がどのような治療を選択しようとそれを止めることはできません。**余命宣告をされたときなど、自分のお金を使って「奇跡にかけてみよう」と考えたり、場合によっては宗教にのめり込んでしまう方もいらっしゃいます。**親が遺言書で全財産を宗教法人に遺すと書いてしまったという相談を受けたこともあります。そう、お金を使い切った結果、本人が亡くなったときにはまったく財産が残っていなかった、ということも十分起こりうるのです。

たとえば、いざという時に自由診療を受けたいと考えているなら、医療保険のところでご説明した自由診療型のがん保険などに加入しておくと安心です。自由診療型のがん保険は、損害保険会社から発売されており、現時点で2社が取り扱っています。とはいっても保険に加入するとなるとお金がかかりますし、がんにかからない可能性もあります。

その際に大切なことは、客観的な情報です。現在どのような治療が保険診療なのか、どういったケースだと自由診療になるのかの知識を得ておく必要があります。もちろん、医療は進歩します。わずか5年先の治療方法だって想像することは不可能です。しかし、がんのように患者の多い病気については、多くの情報を得ることができるでしょう。冷静な判断力があるいまのうちに、重い病気にかかったときどのような治療を望むのか、対処方法を決めておくと良いでしょう。

後見人

認知症になってからでは遅いかもしれない お金の管理を託す「後見人」指名事情

夫婦2人での老後生活を送っていても、妻が年下の場合には、男女の平均寿命の差から考えても高い確率で夫が先立つことになります。そう考えたとき、残された妻が残りの人生を心配なく過ごせるように準備は70代までに済ませておきたいものです。

十分な預貯金、年金があり、死亡保険の受取人を配偶者にしている場合などはひとまず安心ですが、自営業で夫婦の加入していた年金が国民年金だけだったり、貯蓄がほとんどないといった場合は、生活費は最大でもひと月に6万5０００円。そもそも妻の生活が成り立たなくなります。

国立社会保障・人口問題研究所の予測によれば、２０３５年の日本では65歳以上の1人暮らし男性は約２６０万人（男性全体の16・３％）、女性が５０１万人（女性全体の23・４％）になると推計されています。妻が１人残されると、年金額がかなり減ってしまうことは別の場所でも説明しました。お金の問題だけではなく、１人で生活することによって、何か困ったことが起きたときの解決方法を相談する人がいなくなるという点も不安材料になります。

子どもが近くにいて、親のサポートができる場合はまだ安心ですが、子どもがいなかったり、兄弟姉妹もいない場合には、いざというときに信頼して頼れる人を見つけておくことも重要です。

こうした心配事に対処する制度として「成年後見制度」があります。高齢者が認知症や寝たきりになってしまったときに備え、後見人がお金の管理やよりよい介護などの手続きを行ってくれるというものです。

成年後見制度には、すでに認知症などによって判断力の低下が始まっている人を対象とした法定後見と、まだ判断力が衰えていないうちに自分で後見人を決めておく任意後見の２種類があります。

日本公証人連合会の統計による、任意後見契約公正証書の作成件数は１万２０２５件（２０１７年）で、過去最多を更新していますが、任意後見契約の件数は、法定後見と比べてかなり少ないのが現状です。やはり、**人間は「自分が認知症や介護状態になることはあり得ない」と思ってしまう、または現実逃避をしてしまう傾向があるのかもしれません。**

２０００年に成年後見人制度が開始された直後はほとんどが家族による親族後見人でしたが、近年は弁護士や司法書士など専門職後見人の割合が高まっています。法定後見の場合、親族が成年後見を申し立てても、まず法曹関係者が選任されます。決めるのは家庭裁判所で、これは法曹界のひとつの利権にもなっているとの指摘がありま す。**後見人に指名されると、毎月3万円から6万円を受け取ることができるからです。**

「私には子どもがいるので大丈夫です」と考えている方も多いと思いますが、認知症になってから後見人を選ぼうとすると、必ずしも子どもが後見人になれるとは限らないことを知っておく必要があるでしょう。裁判所の統計を見ると、子どもが後見人になれる割合はわずか20％。

もし、見ず知らずの後見人が選任され、毎月3万円から6万円の費用を後見人に支払うのがいやなら、先に述べた任意後見で、自分の判断力があるうちに適任者を決めておくとよいでしょう。**任意後見人にはお子さんを指定することもできますが、できれば第三者にした方がよいと思います。**なぜなら、利益相反が生じてしまうからです。

利益相反とは、親からみれば自分の療養看護や介護のためにお金を使ってほしいと考えるものですが、子どもの側からみれば、親がお金を使うと自分たちが相続する分が少なくなってしまい、必要な費用を払いたがらないのです。「我が子に限って」と思うかもしれませんが、ここは冷静になって対処する必要がありそうです。

タンス預金・名義預金

さまざまな意味でリスクが大きいタンス預金亡くなる前に預金を移しても「相続」の対象に

配偶者に先立たれた場合、残された妻や夫の喪失感は大きいものです。「自分だけは大丈夫」と過信することなく、1人になってしまったときの心配事は早めに解決しておくに越したことはありません。

認知症の怖さのひとつは、それまで自分が積み重ねてきたこと、継続してきたことを忘れてしまうことです。

高齢者の資産で意外に多いものに「タンス預金」があります。タンス預金とは金融機関などに預けず、自宅の金庫などに保管されている現金のこと。第一生命経済研究所の試算（2017年）では、約43兆円が全国の家庭のなかに眠っているとも言われています。

これが本当だとすると、タンスのなかに眠っている現金の金額はかなり大きいものですが、いくら低金利時代と言っても自宅に大金を置いておくのは盗難リスクもあり危険です。認知症になってしまい、タンス預金そのものを忘れてしまったら、そのお金自体はなくなったも同然です。友人の親の例ではチラシのなかに隠してあった50万円を捨ててしまったそうです。そう、タンス預金はタンスのなかにあるとは限りません。靴下のなかなど、本人も隠したところを忘れてしまいます。

タンス預金を行う理由として、いざという時の資金に備えるためですが、ときおり、相続税や贈与税を逃れることを目的としているケースもあります。税務署は大きな預金の引き出しには目を光らせています。そろそろ相続が近づいたみたいだから、一部引き出しておこうかと考える人が後を絶たないからです。正直に申告をすれば問題ないのですが、タンス預金は盗難、遺産を隠したことによる罰則など、リスクが高いことを認識しておいたほうがよさそうです。

もし、タンス預金をしていた1人暮らしの高齢者が、そのことを誰にも言わないで亡くなったとき、発見者が一部を着服したのではないかと疑われたり、あるいは本当にそのままなくなってしまったり、思わぬトラブルの原因になることも考えられます。無用な揉め事を起こさないようにするためにも、自宅に多額の現金を保管するのは避けた方がよさそうです。

名義預金という言葉をご存知ですか。死ぬ前に夫のお金を妻や子どもの名義に移してしまうことをいいます。預金の名義だけ他人であっても、実質は亡くなった人の財産であり、相続財産とみなされるものを名義預金といいます。

具体的には妻のへそくり、亡くなった人が家族の名義で行った預金を指します。妻が何十年も前から生活費を節約して、コツコツお金を貯めていました。長い間かかって、１０００万円貯まっていたとしましょう。もちろん、預金の名義は妻です。こういったお金はすべて夫の相続財産となるので注意が必要です。

黙っていればわからないと思いがちですが、税務署は家族全員の預金の履歴を調べることが可能です。調査に来たときには、すでに証拠は押さえ済み。隠し立てをしてはいけません。名義預金にご用心。

葬儀・墓

今後増加が予想される「質素な葬儀」
火葬のみの「直葬」なら総費用20万円から

70代ともなれば、すでに自分の両親の葬儀を経験している人がほとんどであり、どういった手続きが必要なのか理解していらっしゃる方も多いと思います。しかし、時代とともに葬儀の形も変わります。自分たちの葬儀を行うとき、必ずしも親と同じ伝統的な葬儀を執り行う必要はありません。

不幸にして若い年齢で亡くなった場合には、まだ現役時代のつながりや友人関係の人脈が残っており、多くの方に見送られることが多いと思いますが、85歳以上になりますと、身内とごく親しい関係者だけによる簡素な葬儀になることのほうが多いのではないでしょうか。

自分が亡くなったとき、どのような形で葬儀を執り行い、費用をどれくらいかけるかという希望を家族に伝えておくことは大切になります。もっとも、本人が質素な葬儀を希望しても、社会的に高い立場にあった方などは丁寧にお別れをしたいと考える関係者も多くなります。後日、「お別れの会」などを開くのもひとつの解決策となるでしょう。

現在は「直葬」と呼ばれる、火葬のみの葬儀も増えており、その場合の費用は20万円程度といわれています。なお、後期高齢者医療制度より、葬祭費として最大7万円（多くの自治体では5万円）を受け取ることができます。「葬儀に大金をかけない」という流れは今後も加速すると思われますが、自分や配偶者の死亡時にかかる費用は葬儀本体にかかる以外にもいろいろあります。

仏教で葬儀を行う場合には、お坊さんに支払う御経料や戒名料がかかります。戒名料は特に決まった値段がないものの、80万円を請求されたという話も聞きます。そもそも戒名とは、仏の弟子になった証として授かる名前をいい、仏式の葬儀を行う人が対象になります。通常、亡くなった後に菩提寺に付けてもらいますが、生前に戒名を貰うことも可能です。遺族に負担をかけないためにも、あらかじめ準備を行うことで、ある程度自分の希望に沿った戒名を受けることができる場合もあります。

戒名の相場は、「数十万円」からとされていますが、こんなことも事前に準備することができるのです。

生活

「すぐ老け込む人」と「若々しい人」は社会との接点や生きがいの有無で決まる

75歳といえば、たとえ仕事からリタイアしていても、まだ現役時代のスキルや専門知識をいかして自分のできる範囲で仕事をすることは可能です。ですが、業種によって、継続的な知識の習得が必要なことは言うまでもありません。

資産防衛の話とは少し離れますが、この年代では老け込んでしまう人と、いつまでも若々しい人の差が広がるように感じられます。その理由はなぜかと考えたとき、やはり「人から必要とされる」何かを持っているかどうかが大切なポイント。そう、人間は他人から必要とされて、初めて自分の存在に意義を見出す傾向があります。

年金だけでつつましい生活をすることも理にかなっていると思いますが、少しでも仕事やボランティアなどを通じた社会との接点を維持することで、気持ちも生活スタイルもずいぶん違ってくる気がします。どんなにお金があったとしても、自分が生きがいを感じる「何か」を持っていなければ、本当の意味での豊かな老後を迎えることはできないのではないでしょうか。

また、夫婦関係はなによりも重要です。介護の問題を妻1人に押し付けてはいけません。妻の心身の負担が大きくなり、お互いに余裕がなくなってしまいトラブルに発展するケースが後を絶ちません。家庭内でのコミュニケーションが途絶えてしまうばかりか、老老介護（65歳以上の老人が老人を介護すること）問題、認認介護（認知症の人が認知症の人を介護すること）、最悪のケースでは虐待に発展するような状況が生まれることがあります。

お互いに感謝の言葉を口にするなど気づかいをすることが、穏やかで豊かな老後を過ごすための要素となるでしょう。長年連れ添ったパートナーと、最後の最後でケンカすることのないように、特に夫には「妻に対する理解と感謝」が必要かもしれません。そして、自分のことは自分で行うよう心がけてください。

7章【80歳～】

人生の「最終章」を悔いなく過ごすための正しい「終活術」とは

保険

80歳を過ぎたら新たな保険加入は不要 重大な結果を招く転倒や骨折には要注意

定年退職から20年が過ぎ、80歳まで充実したセカンドライフを送ってこられた方々の多くは、人生を上手に生き抜いていくだけの知恵が身についていると思います。ただしこれまでの健康に問題がなかった生活から、入院したり介護が必要になってくる生活に移行した場合の精神的、金銭的な負担には計り知れないものがあります。生活に余裕がなくならないようにいろいろなケースを想定し、対策を立てておく必要があります。

しつこいようですが、日本人の平均年齢は男性で約81歳、女性で87歳ですが、80歳まで生きた方の平均余命は男性で約9年、女性で12年もあります。平均余命はさらに伸びると予想されており、30年も経てば「人生１００年時代」が目の前に見えてくることでしょう。

80歳〜「未来年表」

医療	80歳で満了する医療保険も多いが、75歳以降の自己負担割合は１割。**ここから新たに保険に入る必要性はそれほどない**。元気で生活していても、転倒による骨折や体力低下中に風邪をひくなどして急激に体調を悪化させることもあるので、くれぐれも健康には注意したい。
認知症	**高齢者の自動車運転による事故や、認知症による思わぬトラブルが社会問題に**。80歳を過ぎてからの運転はしないほうが無難。体力をつけるだけでなく勉強を続けることで脳を鍛える必要がある。
年金	配偶者が死亡した場合（特に年金が少ない妻が夫をなくした場合）には、すぐに遺族年金などの手続きをする必要あり。**申請後、実際の支給までにはタイムラグがあるので、まずは年金事務所で相談する**。
犯罪防衛	高齢者を狙った特殊詐欺などの被害に遭わないよう、巧みに話しかけてくる部外者や見知らぬメールなどに対して注意を要する。**特に資産や金銭がらみの話が出てきた場合は自分ですべてを判断せず周囲の意見やアドバイスを聞くこと**。
終活	１人暮らしの高齢者で、相続人がいないまま死亡すると、**「おひとりさま」の遺産は国庫に入ることもある**。事前に法的に有効な遺言書を作成しておけば、相続人がいなかったとしても信頼できる知人や自分が感謝したい人に遺産を残すことも可能。
相続	親が特定の子どもに頼まれて遺言書を書かされるケースも多いが、遺産の相続に関しては特定の相続人が総取りすることはできない。**最低限相続できる財産の割合（遺留分）が法で定められており、遺言書を書いても必ずそのとおりにいくとは限らない**。親子関係が断絶しているような場合には、さらなるトラブルが起きないように慎重な相続が必要。
100歳を目指す	**90歳でも女性の２人に１人が生存**、人生100年時代が近づいている。老後破産の心配をする必要がないよう、悔いのない人生を過ごすことを考えよう。

高齢者の増加に伴って介護を要する1人暮らしのお年寄りが増えています。現在50歳の方が80歳になる2050年ごろの日本は、さらなる少子高齢化によるさまざまな問題に直面することになるでしょう。

将来のことが分からないからこそ、将来の生活や金銭的なことが気になってしまいます。不測の事態に備えるために保険という商品がありますが、**年を取ってからの病気も、死亡も不測の事態ではありません。ほぼ全員何らかの病気を持ち、全員死亡します。**80歳を過ぎると、基本的に保険は必要ありません。

若いころから医療保険に加入していた方はすでに保険料を払い終わっている場合も多いでしょう。中には終身払いを選んだ方もいらっしゃると思いますが、いずれにしてもこの時期から医療保険に加入する必要はないのです。

また、死亡保障も子どもが独立したときに見直しを行ったはず。つい、保険金をもらえそうだと思うと、保険に加入したくなるものですが、お金はいつでも使えるよう手元に置いておくほうがどんなケースでも使えますから安心に繋がります。

すでに75歳以降の医療費自己負担は原則1割、高額療養費も普通の所得の方であれば夫婦で毎月5万7600円が上限となりますから、わざわざ民間の保険に加入して保険料を負担する必要はありません。保険に加入して保険料を払いすぎるとお金が足りなくなってしまうかもしれません。

80代になって多いのは、自宅での転倒や骨折など、加齢による体力の低下から思わぬケガをしてしまうことです。それまで元気だった方が、こうしたケガをきっかけに介護が必要になり、寝たきりの生活を余儀なくされるケースは珍しくありません。保険料にお金を費やすのではなく、転ばないようリフォームを行おうなど有意義なお金の使い方を考えてみましょう。

年金

配偶者が亡くなったら「死亡届」で年金は自動停止 遺族年金の請求は受給権発生から5年間OK

公的年金は偶数月の15日に2ヵ月分が支払われますが、公的年金を受給している配偶者が死亡した場合は、年金受給者死亡届を提出しなければなりません。国民年金は

配偶者が死亡した場合の主な手続き

配偶者が死亡

主治医から死亡診断書を受け取る

親類や関係者に連絡し葬儀会社の決定

死亡届や火葬許可申請書の提出

通夜・告別式

健康保険の資格停止・年金受給停止

公共料金などの解約や名義変更

準確定申告（4カ月以内）

相続人や相続財産の調査・確定

遺産分割協議後、相続税の申告と支払い（10カ月以内）

死亡日から14日以内、厚生年金は10日以内に書類を年金事務所などに提出する必要があります。ただし、生前にマイナンバーを登録していた人は届出の必要はありません。

うっかり届出を忘れてしまったとしても、市町村に死亡の届出をすれば、年金は自動的に停止されますから心配はいりません。**しかし、よくニュースで話題になるように死亡届も出さず、他人の年金を受給し続けると後に返還を求められるばかりか、詐欺罪が適用されることになってしまいます。**

たとえば夫が5月1日に亡くなった場合、5月までの年金は6月15日に支払われます。しかし夫はもう死亡しているので、未支給年金の手続きを行い、妻が受け取ることになります。

このほかに、遺族年金の申請は年金事務所に出向いて行います。この時期は葬儀や書類集め、財産の把握などの雑事が重なり、後回しになることもいたしかたありませんが、年金は申請しないと受け取れません。遺族年金は受給権が発生してから5年間は請求することが可能です。なかにはうっかりしていたという人もいるかもしれませんが、手続きが遅れたからといってその分の年金を受け取れないわけではありません。

提出資料も多いため、有料の代行サービスを利用することもできます。
夫が亡くなってから、こうした手続きを踏んで年金額が確定し、実際に支給が始まるまで、少なくとも4ヵ月程度を要します。その間の生活費に困ることがないよう、妻自身の預金残高についても一定額を確保しておくことが大切です。

介護

どれくらい続くか分からない「介護生活」経済面と体力面を考慮して無理のない選択を

実際に夫婦のうちどちらかが要介護状態になると、夫婦間のみのいわゆる「老老介護」では、限界があります。施設に入ったり、子どもの手を借りながら助け合って対処していくことが一般的だと思いますが、仕事の都合などの理由から、特定の方に介護が押し付けられてしまいがち。さらに認知症が進んでいくと介護を受ける本人と意思の疎通が難しくなったり、徘徊、夜中の体位交換におむつなど、その苦労は介護を経験した方にしかわかりません。

特養にはなかなか入所できませんから、空きができるまでの間、「最後くらいは親に楽させてやりたい」と周囲が少々無理して有料老人ホームに入居させることもあるでしょう。ただし、地域によっては有料老人ホームもすぐに入居することは難しく、待機する必要があるのです。半年から1年以上も待機している方もいらっしゃいます。

よく、予算に見合った介護施設を選んだほうがよいと聞きますが、そもそもどの施設もすぐには入れてくれません。認知症が進み面倒を見られなくなってしまい、どこの施設にも入所することもできず、最後は泣く泣く精神病院に入院させるケースも後を絶ちません。そして差額ベッド代を請求され、「払わないなら入院させない」といわれるのが現実なのです。

自分や配偶者がそういう状況になるのを想像するのは嫌なものです。ですが、最悪のケースを想定して、いまからどのようにするのかをシミュレーションしておきましょう。いわば、避難訓練のようなものと割り切ることが大切です。

在宅介護の場合、親と子が離れた場所に住んでいて、頻繁に子どもが移動しなければならない場合には、交通費やお礼などを渡す必要もあるでしょう。

介護は、その状態があとどれくらいの期間続くか分かりません。周囲が無理をして共倒れにならないよう勇気を出して行動を起こしてください。どうしても家族だけで介護できなくなったとして役所に相談に行っても助けてもらえません。せいぜい、施設のパンフレットを渡されて「自分で探してください」いわれるだけなのです。

要介護3以上になると特養に申し込みをすることができます。一般に入所まで何年も待つ必要がありますが、地方に行くとすぐに入所できる場合もあります。**65歳以上で、要介護1以上の場合には「老健」（老人保健施設）に入る選択肢もあります。**しかし、老健は在宅復帰を目指す施設ですから、最大1年間しかいられません。公的施設なので費用は安いといわれますが、ひと月あたり15万円くらいがひとつの目安となります。なお、所得や貯蓄の少ない人には減免制度が設けられています。

終活

「おひとりさま」の遺産は国庫に入るケースも
相続人がいない場合は資産の行き先を確定させる

金融広報中央委員会「家計と金融行動に関する世論調査」（２０１７年）によれば、世帯主が70歳以上で２人以上の世帯における金融資産は平均で１７６８万円。老夫婦が２０００万円程度の金融資産を持っているケースが多いように感じますが、中央値はたったの６００万円。さらに、まったく金融資産がない世帯も28・３％という結果が出ています。

夫に先立たれた高齢の妻が数千万円の財産を相続したとします。妻が自立している場合は、残りの人生でそのお金を使い切ってしまうケースは少ないものです。とはいっても、有料老人ホームに入居すると、５年間で１５００万円以上かかることも珍しくはありません。

ここでは相続人がおらず、財産を残して死亡するケースについて考えてみたいと思います。最近急増しているのは相続人が誰もいないケースです。現在日本では600万人以上の「独居高齢者」（65歳以上）がいますが、**財産を相続する子どもや親兄弟がいない（あるいは相続人が相続を放棄した）ケースがあり、その場合は、民法の定めによって財産は国庫に帰属することになってしまいます。**

日本経済新聞が報じたところによると、2017年の段階で国庫納付された遺産は年間400億円以上となり、10年間で2・5倍に拡大したということです。また、銀行などの金融機関で10年以上放置された休眠預金も年間600億円規模となっており、これも2016年末に成立した「休眠預金活用法」により、民間公益活動のために活用されることが可能になっています。

相続人がいない社会というのはある意味で日本の未来を暗示していますが、お金がなければ心配だし、あればあったで別の心配が出てくるのが悩ましいところです。少なくとも、苦労して作った資産をただ国庫に帰属させるよりも、遺言書を作成することで、お世話になった知人に資産を残したり、日本赤十字に寄付するなど、自分が納得できる形で資産の行先を指定しておきましょう。

なお遺言書には、遺言執行者を指定しておくとスムーズに事が運びます。遺言執行者は相続財産の目録を作成したり、預金の解約手続きなど遺言の内容を実現するために必要な手続きの一切を行う権限を持っています。

相続

これまで遺産相続権がなかった「長男の嫁」も介護に貢献すれば財産を請求できるようになる

「終活」とは自分の死と向き合うことで、最後まで自分らしく生活することをいいます。人によってそれぞれ大切な事柄は異なります。ここでは、自身の遺産の行先について考えていきましょう。

希望する人に遺産を渡すためには、法律に則った方法で遺言書を作成することが何よりも大切です。なお、エンディングノートなどに書いた場合であっても、日付けや署名、押印があるなどの条件を満たせば遺言書としての効力は発生します。

これだけ終活という言葉が一般的になった時代ではありますが、実際に遺言書を書

夫が遺言書で「愛人」に全財産を残したら

夫の遺産 総額1億円
（愛人にすべて渡すとの遺言書あり）

✕	夫	→	愛人	1億円
			妻	0円
			息子	0円
			娘	0円

○	夫	→	愛人	5000万円
			妻	2500万円（遺留分4分の1）
			息子	1250万円（遺留分8分の1）
			娘	1250万円（遺留分8分の1）

※愛人がすべてを相続することはできない

き残している人はまだ少ないというのが現状です。たとえ書いている場合であっても、自筆証書遺言の場合、遺言書としての要件を満たしてないケースが多く見られます。もちろん、**ビデオに録画するなど効力のない遺言であっても、相続人全員が納得すればよいのですが、1人でも反対する相続人がいる場合には効力のない遺言は、認められません。**

よく、認知症が始まった親に対して自分の都合よいように書かせるケースを耳にしますが、偽造などの場合を除いて遺言書の要件さえ満たしていれば正式な遺言として認められます。

たとえば親子関係が悪く「面倒をみてくれた娘には全額残したいが、息子には1円たりとも渡さない」という親がいたとしましょう。実際にそうした内容の遺言書を作成したら、希望通りの形になるかといえば答えはノーです。

民法で定められた相続人のうち配偶者、子ども、親には「遺留分」（最低限相続できる財産）という権利が付与されています。たとえ、1円もあげないと名指しされた息子であっても、親が残した財産のうち4分の1を受け取る権利があるのです。

次に夫が全財産を「愛人」に遺すという遺言書を作成していたケースを考えてみましょう。相続人は妻と子ども2人の全部で3人。この場合の遺留分は妻が4分の1、子どもはそれぞれ8分の1となります。民法の法定相続分の半分が遺留分となるわけです。この夫に1億円の相続財産がある場合、妻は2500万円、2人の子どもはそれぞれ1250万円の財産を相続する権利があるのです。

遺留分を確保するためには遺留分減殺請求を行う必要がありますが、理不尽な遺言書の内容を知ってから1年以内に愛人に対して、遺留分減殺請求の通知をすることになります。口頭でも可能ですが、証拠を残すために内容証明郵便で請求書を送付しましょう。

遺留分の存在を無視して、特定の子どもに有利な遺言書などを作成しても全く意味はありません。かえって兄弟に亀裂が入ってしまい「争続」を引き起こすことでしょう。どうしても「長女にあげたい」という場合には、遺留分を考慮した遺言書を作成しましょう。とはいっても、兄弟同士の不公平感は否めません。また、終身保険に加入して受取人を長女にすることも可能です。しかし、その場合であっても、全財産を保険にしておくなど特殊な場合には、遺留分が発生するでしょう。

離婚も再婚もなく、2~3人いる子どもとの関係も円満という方は、相続で揉め事が起きる可能性はあまりないと思います。ですが、世の中にはそういう方ばかりではありません。認知している子どもがいる場合や、妻と死別したあと内縁の妻がいる男性など、通常の夫婦のスタイルから離れれば離れるほど、相続における問題は大きくなります。

よくあるのは、親の晩年の面倒を誰が見ていたのかで「取り分」をめぐる争いに発展することです。実子だけならまだよいのですが、問題なのは長男の嫁が面倒を見ていたケース。長男の嫁は相続人ではありません。相続人以外の者は、被相続人の介護に尽くしても，相続財産を取得することができないわけです。

在宅介護を行うなど、義父の財産を減らさないことに貢献した嫁が財産を相続できないのかという疑問を解消すべく、最近法律の大改正がありました。**まだ施行されていませんが、近いうちに長男の嫁は、相続人（夫の兄弟）に対して、金銭の請求をすることができるようになります。**介護等の貢献に報いることができ、実質的な公平が図られることになりました。２０１９年度税制改正で、特別寄与請求権が創設され、これは遅くとも２０１９年7月12日までの間の政令で定める日に施行される予定です。

少し前に『後妻業』という小説が話題になりましたが、財産狙いで高齢男性と結婚した若い女性が、男性の死後に関係者と骨肉の争いを繰り広げるという展開は、決して小説のなかだけの話ではありません。女性の私からするとこうしたケースは男性側にも大きな責任があるように思えますが、いずれにしても、トラブルの起こらない内容の遺言書を作成しておきましょう。

死後離婚

夫の死後にしばしば発生しがちなトラブル「残された妻」と「夫の親兄弟」との相続争い

夫に先立たれた妻が、その後姻族関係を終わりにする届け出を出し、義理の兄弟などとの関係を絶つ「死後離婚」が増えています。その数はこの10年で2・7倍以上に増え、2017年は4895件と過去最高を記録しました。

この「死後離婚」は、夫と別れるわけではなく、相続や遺族年金の受給資格に影響はありません。住んでいる市町村に「姻族関係終了届」を提出するだけで、相手側に通知されるわけでもなく、特に期限も設けてありません。

ではなぜこうした届出が増えているのかというと、**夫に先立たれた妻が葬儀でもめたり、夫の親や兄弟から財産をよこすように責められ続けることが圧倒的に多いのです。**なかには息子の死亡で、息子の妻にきっちり財産を請求する母もいます。兄弟であっても同じ。本当に泣きながらの相談が後を絶ちません。

さらに悪質なケースでは、こんなこともありました。

死亡した夫には母親と姉がいました。正式な相続人は妻と母親です。最初のうち母親は、自分の息子が死亡しても財産はいらないといっていたのに、姉が母親を成年後見人にしてしまい、妻にきっちり財産の3分の1を請求したケースがあります。妻はそのために自宅を売却しなければなりませんでした。こんな目にあったら夫の親族とは縁を切りたいと思うのが当然ではないでしょうか。

特に子どものいない方、遺言書を書くことは本当に大切なのです。遺言書を書くのをためらう気持ちも分かります。でも、自分が死んだあと妻がこんな思いをするのですよ。さあ、すぐに遺言書を書いてください。

死後離婚は、嫌な思いをさせられた夫の家族とは縁を切って、残された妻が前向きに生きるためのひとつの選択肢となります。夫と夫婦であったという事実は変わりありません。

高齢リスク

身体能力の低下を過信すると思わぬ事態に高齢者を狙った「特殊詐欺」の進化にも要注意

現在、高齢者の「危険な運転」が社会問題としてよく報道されています。認知症やとっさの判断力の低下により、重大な事故を起こしてしまうケースが後を絶ちません。80歳を過ぎたら自分の力を過信せず、自分にも他人にも安全な生活を心がけたいものです。

警察庁は高齢者に運転免許の自主返納を推奨していますが、地方では病院に行くにもクルマがなければどうしようもないというのが現実です。けれども高齢者が思わぬ大事故などを起こしてしまうリスクは決して小さくありません。できるだけ車を運転しないよう心がけてください。死亡事故を起こしてしまったら、その方の命はかえってきません。

10年ほど前、認知症患者の高齢男性が線路に侵入し、電車にはねられ死亡するという事故がありました。鉄道会社は事故によって生じた損害を遺族に請求し、裁判で争われることになったのです。一審、二審では遺族側に賠償命令が下されたものの、最高裁で家族への賠償責任は棄却されました。最終的に損害賠償金の支払いを免れましたが、認知症の大きなリスクを知らしめた事故だったように思います。

そうしたリスクに対応する保険として、「個人賠償責任保険」があります。**個人賠償責任保険は、契約者の家族が第三者に対して損害を与えた際、その損害賠償金を補償してくれる商品です。**一般に、自動車保険、火災保険の特約、一部のクレジットカードの特約として加入することができます。補償額は商品にもよりますが、一般に1億円から無制限まで。保険料は年間約2000円程度とそれほど高額ではありません。個人賠償責任保険へは、ぜひ加入しておきましょう。

保険に加入することも大切ですが、なによりも年を取ってきたら、自分自身の体力や反射神経を過信することなく、無理をしないよう安全な運転を心がけましょう。

また、資産のある高齢者を狙う特殊詐欺は手を変え品を変え、高度化しています。「自分はだまされない」とみんなが思っていますが、実際に被害に遭ってしまう方が大勢いらっしゃいます。

実は私の母のところにも電話が掛かってきました。

「○○（弟）が未公開株を会社のお金で買って損失を出したらしい。風邪をひいていて声が変だったけど。あ、携帯はトイレに落としたんだって。由理はＦＰだから株に詳しいでしょ」

と母。

「お母さん、それ、私に電話するんじゃなくて早く警察に電話して！」

という事件がありました。もちろん、犯人は捕まりましたが。このように自分は大丈夫だと思っても、相手はプロ、太刀打ちできないものです。子どもとは密に連絡を取り合うようにしましょう。少しでも不安を感じたときには、家族や信頼のおける知人の意見を聞いてみるとよいでしょう。

生活

豊かで幸せな老後はお金を使うことで実現する 資産防衛そのものが「目的化」してはいけない

50代、60代のころは「これからいくらかかるか」ということを想定して、長期的な計画を立てながら、将来を見通していくことが求められます。しかし、80代ともなると不透明要素は少なくなっているのではないでしょうか。もちろん、生活をしている以上、不安がまったくなくなることはありませんが、できれば節約や、生活防衛的な意識にとらわれず、自分の生きがいをみつけて楽しく過ごすことを心がけたいものです。

本書では、「老後の備え」に関するさまざまなテーマを解説してきました。普通の生活をしている限り、過度に心配する必要はないということは、冒頭でも述べたとおりです。

内閣府の平成29年度版「高齢社会白書」によれば、80歳以上の男女の53・6％は

「家計にあまりゆとりはないが、それほど心配なく暮らしている」と回答しており、「まったく心配なく暮らしている」の17・9％と合わせると、7割以上は日々の生活を無事に過ごしていることが分かります。

65歳以上のみの高齢者世帯の平均年収は約297万円（平均世帯人員1・53人）で、世帯主が60歳以上の世帯の貯蓄額の中央値は1592万円。この付近であれば、普通は何も心配はありません。

若い世代は損な世代といわれますが、その一方で、高齢世代が持つ資産が相続によって子ども世代へ移転することもあるでしょう。まずは親の介護が気になる年齢ですが、これからの世代を待ち受けているのは苦労だけではありません。

資産防衛の最終的な目的とは、健康的で豊かな楽しい生活を送ることですから、防衛そのものが目的になってしまってはいけません。税金を少しでも払いたくない、あるいは年金をカットされたくないばかりにできる仕事をセーブするよりも、社会のなかでいつもいきいきと活動できるように、自分自身を奮い立たせていくほうが、よほど自分の将来のためになるのです。

自分がいつまで生きるかということは誰にも分かりませんから、「どちらが得か」ということにこだわりすぎてしまうのは良くありません。

よく、貯蓄額の不足と、自分が死んだあとの相続税の心配を同時にする人がいるのですが、貯蓄がなければ相続税の心配はありませんから、2つとも心配するのはちょっと不思議なものです。でもそれが現実なのです。そう、「お金がいくらあっても心配は尽きない」というなによりの証拠だといえるのではないでしょうか。

男性の健康寿命72歳、女性の健康寿命74歳という年齢は、昭和50年（1975年）の平均寿命とほぼ同じ。**そう、正確に申し上げると、老後が延びたのではなく、現役時代が延びたのです。長寿化を弊害としてではなく恩恵として考えてください。**お金は自分自身を助け、守ってくれるものですが、あくまで生きているうちに使うものですから、冷静さと大胆さを同時に持って、すばらしい人生を過ごしていただきたいと思います。

著者
横川由理（よこかわ・ゆり）
FPエージェンシー代表。CFP®、MBA、千葉商科大学大学院客員准教授、証券アナリスト。講師や執筆などを通じてお金の知識や情報を伝えることをライフワークとし、独自のアドバイスを展開している。おもな著書に『改訂版　保険　こう選ぶのが正解！』(実務教育出版)『生命保険 実名ランキング！』『老後にいくら必要か？』(宝島社)など35冊を超える。

「年代別」未来年表で早分かり！
50歳からの資産防衛術

2019年3月28日　第1刷発行

著　者　横川由理
発行人　蓮見清一
発行所　株式会社宝島社
〒102-8388　東京都千代田区一番町25番地
電話：編集 03-3239-0646／営業 03-3234-4621
https://tkj.jp
印刷・製本　中央精版印刷株式会社

ISBN978-4-8002-9304-6

異性禁止のパーティーを作ってみたけど、
ウチのメンバー
どこかおかしい。
ミルク多めのブラックコーヒー
丘野境界
Kyokai Okano
ill. 東西
宝島社